NUITS A PARIS

DU MEME AUTEUR

La Nuit, poésies, Paris, 1884 (*épuisé*).

Le Psautier de l'Amie, poésies. Paris, 1886 (*épuisé*).

Pages en prose. Moscou, 1887 (*épuisé*).

Strophes artificielles, prose. Paris, Alph. Lemerre, 1888.

L'Amante du Carist, scène évangélique en vers. Frontispice de Félicien Rops. Paris, Alph. Lemerre, 1889.

POUR PARAITRE :

Ukko' Till, prose. Frontispice de Jules Chéret (*sous presse*).

L'Évocatrice, prose.

Vers Dieu, prose.

La Cité du Rêve, prose.

Pax, poésies.

L'Invitation à l'Amour, poésies (*sous presse*).

NOTES SUR UNE VILLE

NUITS A PARIS

PAR

RODOLPHE DARZENS

Illustrées de cent croquis

PAR

A. WILLETTE

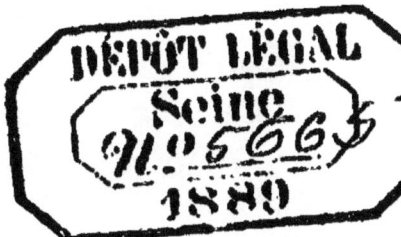

PARIS

E. DENTU, ÉDITEUR

LIBRAIRE DE LA SOCIÉTÉ DES GENS DE LETTRES

3, PLACE DE VALOIS (PALAIS-ROYAL)

—

1889

AUX

PARISIENS

DU

MONDE ENTIER

R. D. & A. W.

PRÉFACE

Comme tout le monde, nous avons appris l'histoire dès notre bas âge, Willette et moi. Aussi ne nous en souvient-il guère; et je suis bien sûr que, ni l'un ni l'autre, nous ne serions capables de citer la date, même approximative, d'une bataille ou d'un événement quelconque. En revanche nous avons gardé précieusement le bon souvenir de quelques légendes,

qui du fond des ténèbres poussiéreuses des siècles morts resplendissent en notre mémoire comme des traînées de lumière venues jusqu'à nous. Ces lé-

gendes, nous nous plaisons à les évoquer parfois. C'est ainsi qu'hier soir, à l'heure de l'apéritif, assis à la terrasse d'un café, un même souvenir de classe vint clore notre causerie. Nous disions que la vie était courte pour réaliser nos rêves. « D'autant plus courte, affirmais-je, que les poètes et les artistes, à de rares exceptions près, meurent jeunes, sans doute à cause de cette habitude — devenue bientôt une nécessité — de ne travailler, de ne s'amuser, de ne vivre enfin que la nuit. »

Mais Willette se récria : « Les poètes et les artistes meurent aussi vieux que M. Chevreul, plus vieux peut-être ! puisqu'ils vivent double, la

1.

nuit et le jour! Nous sommes tous les frères de ce Pharaon de la vieille

Égypte dont je ne sais plus le nom. »
« *Ni moi non plus — répondis-je, mais son histoire, je la connais : il fit venir un devin et lui demanda dans*

combien de temps il mourrait. Le devin consulta les astres et y lut que le roi vivrait quinze ans encore. » — « J'en vivrai trente, dit le Pharaon. » Et il tint parole en effet. Car il but des philtres qui l'empêchèrent de dormir, et aux fêtes de chaque jour des fêtes nocturnes succédèrent dans ses palais illuminés ; ainsi vécut-il doublement pendant quinze années. »

Nous aussi, un philtre nous empêche de dormir, un philtre qui s'appelle la pensée; c'est pourquoi nous passons nos nuits à travers la Grande Ville que nous avons parcourue en tous sens, chacun de notre côté. Et la Reine des Cités, mauvaise aux autres, nous est amie; plus qu'à n'importe

Contraste insuffisant

NF Z 43-120-14

qui elle s'est montrée à nous sous ses

multiples aspects. Puis une belle nuit elle a fini par nous faire rencontrer.

De cette rencontre est née notre collaboration et ce petit livre : croquis légers, impressions rapides, parfois ironiques, ce n'est que cela ; des fantaisies dessinées ou écrites au coin d'une table, sur un bout de banc, dans les cabarets nocturnes et dans des bouges à la clarté du gaz, comme aussi dehors en pleine rue, sous les bonnes étoiles.

R. D.

Paris, 2 août 1889.

I

NUITS A PARIS

Avec les heures avancées de la soirée, dès que le silence s'est fait sur Paris et que lentement, comme à regret semble-t-il, le soleil a disparu derrière les hautes maisons dont il a, un instant, incendié les toits, on dirait que, tout à coup, la ville se transforme ainsi qu'en un changement à vue. Même l'aspect topographique paraît se modifier. Désormais certaines rues désertées n'existent plus, et des quartiers entiers disparaissent enveloppés d'oubli et de sommeil. Il se crée comme une vie nouvelle, différente de la vie diurne, et qui va avoir besoin de milieux nouveaux pour se déve-

lopper. Des centres de bruit et de lumière prennent naissance, que mettent en communication tout un réseau de voies, de rues et de boulevards, où va et vient, grouille et se multiplie la foule de cette race spéciale, les noctambules. Un autre Paris surgit dans Paris endormi, et l'espace qu'il occupe semble comprendre une large bande qui va du quartier Latin, englobant les Halles, un bout des boulevards intérieurs de la porte Saint-Denis à l'Opéra, pour s'étendre en ligne droite jusqu'au sommet de la butte Montmartre. C'est une sorte de Voie lactée qui zèbre la Capitale; de ci de là seulement, comme des nébuleuses détachées sur le ciel, des coins rayonnent, rares, dans le silence et la nuit qui les environnent.

Mais pour se diriger à travers cette ville nocturne, il faut encore plus d'habitude que pour voyager dans le Paris grouillant en pleine lumière du jour. Car la population qui vit la nuit est plus diverse encore, composée d'éléments plus multiples que celle dont l'existence et le travail ont besoin de la clarté du soleil. Dès que l'obscurité est faite, se réveille la foule noctambule, qui renferme des types aussi variés que curieux. Chacun d'eux a sa particulière occupation, sa fonction; il a aussi son milieu spécial qu'il quitte rarement et où il se complait. Même parmi les viveurs, lesquels sont plus nomades, il y a des classes différentes les unes des autres qui fréquentent plus spécialement un quartier et qui, très nettement, se distinguent entre

eux par leur extérieur seul et par des signes auxquels on ne se trompe guère : il y a le viveur de race, noble ou non, qui dépense sa fortune entre minuit et six heures du matin, correctement, en dilettante ; il y a le petit jeune homme qui s'amuse et fait des parties fines en mangeant l'argent de papa et de maman; il y a encore le gros commerçant concluant une bonne affaire en l'arrosant de champagne et en l'assaisonnant de filles;

l'homme marié, père de famille, consommant une débauche avec des camarades; le rastaquouère et le beau garçon aimé par ces dames; les coulissiers, les commis de banque, ou les parieurs que la chance a favorisés; les journalistes qui sur un coin de table corrigent l'article au moment de mettre sous presse; le philosophe bohême, ami des chiens errants, comme eux sans domicile, stoïque et im-

passible comme eux; des artistes qui flânent; des calicots en bonne fortune; cent et un types différents, facilement reconnaissables pour l'œil exercé du noctambule par goût, qui connaît tout le monde et que tout le monde connaît. Celui-là, vieux ou jeune, est plus aisément reconnaissable encore que les autres; il a le teint, particulièrement blafard, de ceux qui vivent à la seule clarté du gaz; et on le sent plus

à l'aise que n'importe qui, partout et toujours chez lui, respirant sans difficulté l'atmosphère chargée de tabac des endroits fréquentés et à la mode, où la place manque pour faire même un geste.

Enfin les travailleurs nocturnes; d'abord le musicien ambulant, affamé et maigre, qui va de café en brasserie, de brasserie en caboulot; puis les ouvriers typographes, les porteurs de journaux, les laitiers, une infinité de types variés, jusqu'à l'éternel biffin, qui va armé de son crochet inexorable et de sa lanterne, la hotte au dos, fouillant dans la boite aux ordures où finissent aujourd'hui les royautés, les richesses et les amours!

II

LE VIOLON

Puisque c'est souvent au « *violon* » que se terminent de joyeuses nuits, il y a lieu, je crois, d'en parler tout d'abord afin d'indiquer les sûrs moyens d'y aller le moins souvent possible. Nul, en effet, n'en est exempt en notre bonne ville de liberté. On couche au violon, par exemple, pour avoir signé son nom sur l'asphalte des trottoirs, en... l'*arrosant.* Mais on y est conduit encore pour toutes sortes d'autres

motifs excellents, et aussi pour rien, pour le plaisir... des braves sergots. C'est même ce qui arrive la plupart du temps : « Qu'est-ce que j'ai fait, » crie le bon bourgeois attardé, conduit au poste pour tapage nocturne et cris séditieux. — Et les agents de répondre : « Ça ne vous regarde pas ; vous vous expliquerez demain avec M. le Commissaire ! »

Au fait, ils ne font que leur devoir, ces braves sergents de ville ; on leur dit d'arrêter les gens ; ils les arrêtent, voilà tout. Ils ne peuvent cependant pas s'en prendre aux voleurs, lesquels sont armés et ne disent rien quand on ne les dérange pas dans leur besogne. Puis, ces messieurs *dégringolent leur pante* d'une façon si élégante ! Jules Jouy, lequel est pourtant bien,

on le sait, avec le gouvernement, ne va-t-il pas jusqu'à prétendre que, dans les attaques nocturnes, les sergots, en vrais dilettanti, marquent les coups et tiennent ouverts les paris ? — Ça, je ne l'ai jamais vu, mais j'en crois sur parole le chantre de Gamahut. En tout cas, qu'on ait été rossé ou non, on est fourré au violon. D'où vient, à propos, ce sobriquet? Les dictionnaires d'étymologies

en donnent d'ineptes explications, comme celle qui prétend que les grilles du poste de police donnent vaguement à celui-ci l'apparence d'un instrument à cordes! La meilleure est celle qui rappelle qu'une sorte de carcan s'appelait au moyen âge *psalterion*. On mettait donc les gens au psalterion et, par analogie, au violon. — Mais Willette m'affirme que ce surnom vient de ce qu'après vous avoir mis dedans, les bons sergots s'en réjouissent, et vous y donnent une aubade ou plutôt un nocturne de leur façon. Je le crois volontiers, car Willette a une excellente mémoire.

III

NUIT DE GUILLOTINE

Cette nuit est rare à Paris ; aussi, dès onze heures du soir, lorsqu'une exécution capitale doit avoir lieu, le bruit s'en répand-il, propagé à voix basse, comme un secret, de bouche en bouche. On en cause dans les cafés où les habitués de ces sortes de premières se réunissent. Car le Tout-Paris ne répugne pas aux émotions poignantes et dangereuses, qui le secouent un peu de sa sceptique apathie.

Aussitôt après minuit, des groupes se dirigent par les boulevards vers la place de la République ; le boulevard Voltaire, d'ordinaire vide, est animé vers une heure du matin jusque devant la rue de la Roquette, où stationnent, massés aux angles, des sergents de ville. La rue est pleine d'un monde affairé, semble-t-il. Tous ces gens, voyous et gentlemen, en guenilles et à la dernière mode, paraissent intéressés à la chose qui bientôt va se passer. Mais à cette heure, la foule est encore presque silencieuse : de ci, de là, elle va, vient. Dans la clarté du gaz, des appels stridents, des coups de sifflet percent seuls, par instants, une rumeur vague, indécise, comme effrayée et contenue.

Une dizaine de mètres avant d'arriver à la place de la Roquette, la rue est barrée ; un cordon d'agents et plus loin des municipaux sur deux rangées, avec, devant eux, de place en place, la clarté aiguë des baïonnettes au bout des fusils en faisceaux.

Mais le long des maisons de droite un passage est ménagé pour les privilégiés

autorisés à pénétrer sur la place. Là, il y a un marchand de vin puis un bureau de tabac qui font dans les bâtisses noires de larges taches lumineuses où domine le rouge sanglant d'une lanterne. Les deux boutiques regorgent de monde, — un monde élégant qui cause discrètement, sans éclats de voix déplacés, — tandis qu'à gauche, un peu plus bas, en avant du cordon de gardiens, l'angle de la rue s'illumine des gaz flambant haut d'un vaste mastroquet. Ici la foule est mêlée : des journalistes et de louches personnages que diapre l'apparition de filles, nu-tête, les cheveux défaits, criardes et enrouées, aux nippes tapageuses.

Alors, lentement, sonnent deux heures sur la ville, répétées en écho par toutes les horloges. Aux devantures se placent en hâte des volets, dont les fentes laisseront s'écouler jusqu'à cinq heures de minces filets de bruit et de lumière. La foule grossit cependant, malsainement curieuse, à grand'peine contenue par les agents. Pourtant la place de la Roquette est jusqu'ici presque déserte ; et c'est un inoubliable décor de désolation morne que ce peu d'espace tout planté d'arbres grêles et de réverbères, entre les deux prisons grises et silen cieuses. Sur la gauche, bordant en ceinture les murs de la petite Roquette, les uniformes immobiles des municipaux. Çà et là, des groupes sombres. Rien de plus.

Tout à coup un roulement bien connu des habitués : il s'y mêle des piaffements de chevaux, et ce sont, en effet, les deux fourgons attelés, dont l'un contient les bois de justice, l'autre un grand panier plein de son... Les voitures défilent en se suivant par l'allée transversale, puis tournent et s'arrêtent le long des murs de la grande Roquette. Des hommes descendent. Il y a des chuchotements : « C'est le bourreau et ses aides. M. Deibler, oui, celui-ci, là-bas, avec une barbe drue, le chapeau haut-de-forme, le long paletot-lévite et un parapluie, que jamais il ne quitte, sous le bras. » Tout aussitôt les aides, vêtus de blouses bleues, coiffés de casquettes, comme de braves ouvriers, se mettent au travail. Muni d'une lanterne unique, l'un d'eux reconnait l'endroit où doit se dresser l'échafaud, dont les autres apportent méthodiquement les différentes pièces, qu'ils rangent sur le trottoir de droite. Déjà les spectateurs sont devenus plus nombreux. Des officiers de paix, qui circulent, les font placer derrière les barrières afin de ne pas gêner le montage de la guillotine. Ce travail se fait sans bruit, doucement, dure une heure juste. C'est d'abord un cadre formé de lourds madriers, qu'on pose sur le sol, horizontalement. Avec un niveau d'eau qui brille sous sa main comme une petite lame, l'exécuteur en reconnaît l'exacte et parfaite horizontalité, car les montants, qu'on dresse maintenant, doivent être perpendiculaires au sol, afin que le couteau ait une chute régulière dans les rainures de cuivre brillant. Ces morceaux de bois s'assemblent, s'emboîtent, sont vissés avec des écrous, toujours en silence ; et sans cesse l'unique lanterne bouge, monte et descend, de ci, de là, semblable à un énorme feu follet sur une tombe! Voici maintenant qu'on applique une échelle contre les montants; on les surmonte du chapiteau où la poulie de métal accroche quelques rayons du réverbère voisin. Puis un aide sort d'une gaine la lame triangulaire qui jette un appel de clarté; elle est vissée à la masse de fonte formant le mouton, et le tout est hissé au moyen d'une corde à l'extrémité de la guillotine. Le déclic joue. Le couteau reste suspendu. Alors on ajoute la lunette et la bascule. C'est fait; l'échafaud est prêt. Il attend. Mais M. Deibler se rend compte d'abord si l'instrument fonctionne bien; il presse sur le montant de gauche une poignée. Et le couteau glisse lentement, retenu au moyen de la corde. Deux fois on recommence cet essai; puis on remonte le triangle, on retire la corde. Désormais silencieuse, la guillotine détache sur le ciel la haute silhouette de ses deux bras rouges qui semblent lever en l'air, — comme l'espoir qui luit toujours, malgré tout, au cœur du plus désespéré, — sa lame brillante, inexorable. Les aides rangent auprès de l'échafaud le grand panier contenant du son, le couvercle ouvert, et apprêtent des seaux pleins d'eau. Maintenant leur besogne d'ouvriers est terminée; ils vont vers l'un des deux fourgons, retirent leur blouse et endossent une redingote; puis, un chapeau haut-de-forme sur la tête, ils ont un air gauche, macabre et louche de croquemorts policiers. Ils sont répugnants.

Seconde à seconde, minute à minute, une heure passe, puis une autre... une fraîcheur blanche annonce l'aube. Les fenêtres illuminées des hautes maisons de la rue Merlin pâlissent, atteintes déjà par le petit jour, tandis que la nuit noire règne toujours sur la place. Mais le ciel s'opalise peu à peu. Une impatience douloureuse

Nuit de guillotine. 37

parcourt la foule, tandis qu'au fond des rues toutes sombres encore, des gueulements font une rumeur de plus en plus orageuse. Par lambeaux, des refrains parviennent

chantés d'une voix crapuleuse. Tout à coup un trot de chevaux. Ce sont les gendarmes d'Ivry qui arrivent et se rangent en demi-lune au devant de la guillotine.

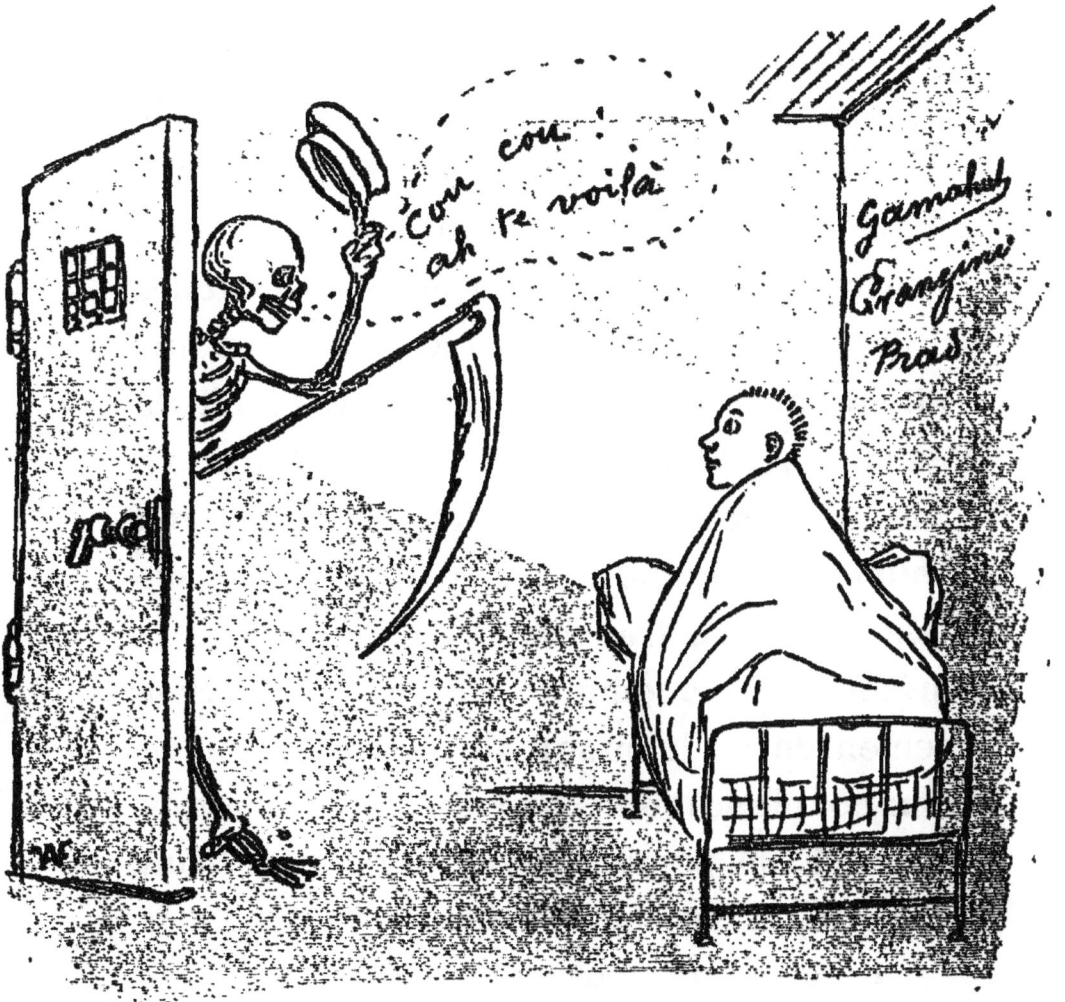

C'est bientôt l'heure, l'instant. Un homme en blouse bleue éteint les réverbères un à un. Il fait une clarté douce, lilas-clair, qui noie toute chose et ne laisse pas d'ombres. Un chien traverse la place, vient flairer l'échafaud et s'enfuit, chassé. La porte de la grande Roquette est fermée depuis quelques instants. L'angoisse, dès lors, grandit : immobiles, les futurs spectateurs d'un meurtre légal semblent figés en une attente anxieuse. Ils songent au réveil du condamné que la Mort avec l'Aube va tirer de son sommeil profond... le sommeil calme du criminel. Et tandis que la pensée tente ainsi de franchir les murailles de la prison grise, soudain, se fait entendre un grincement de gonds, où se mêle le clair pépiement d'un couple de moineaux voltigeant d'arbre en arbre. Et la porte s'ouvre, immense. Tout de suite, on LE voit, en blanc, soutenu par deux aides ; il marche courbé, ses bras étant liés derrière le dos ; quelque chose de sombre, une veste préserve du froid ses épaules. Chacun instinctivement s'est découvert. Car cet Homme qui passe n'est plus vivant désormais. Oh! sa tête: elle est blême, inimaginablement, ainsi qu'une vision de cauchemar. A petits pas, — ses pieds sont entravés! — pareils à ceux de l'enfant qui entre dans la vie, celui qui va pour en sortir s'avance… Un instant, il a levé les yeux, fixé l'hypnotisante lueur du triangle emblématique. Et puis quelqu'un, le prêtre, un doux vieillard s'approche et l'embrasse, comme un grand-père son enfant. Et maintenant le cou du condamné apparait hors de l'échancrure large de la chemise, le vêtement qui protégeait sa nuque étant retiré. Puis la bascule. Un bruit sec. La tête, telle qu'un fruit mûr, détachée; le tronc, dans une convulsion dernière, a laissé voir, pour un clin d'œil, la sanglante section du cou, pareille à une lune rouge. Mais déjà le corps est dans le panier.

La Justice humaine est satisfaite.

A ce moment, une bousculade et un

brouhaha se produisent. Rompant les barrières, la foule s'est précipitée. Une flaque de pourpre attirante tache le pavé. Le sang a giclé loin, en éclaboussures. Des gens se

baissent, regardent... Cependant, par les rues, un fourgon s'éloigne au galop emportant le supplicié, accompagné par les gendarmes, sabre au clair.

Alors, se fait un mouvement de recul; la

place est vite évacuée. On discute, la voix angoissée par l'émotion intérieure. Le condamné est mort crânement : il a expié son crime, car l'homme punit ; mais Dieu ne pardonne-t-il pas ?

Maintenant il faut partir, quitter cette place. En passant devant une boucherie, déjà ouverte, la vue de la viande saignante cause un insurmontable dégoût, et les yeux s'en détournent ; il vaut mieux regarder la foule abjecte qui n'a pas pu pénétrer autour de l'échafaud, et qui a passé la nuit, demi-saoûle, presque gouailleuse, dans les rues environnantes, comme pour susciter dans la mémoire ce couplet de la *Marche des Dos*, que chante Aristide Bruant et dont le rythme obstinément scande la pensée :

> Pourtant les jours de guillotine,
> Quand la loi raccourcit un marlou,
> Nous allons lui chanter matine
> Pendant qu'on lui coupe le cou.

Il fait grand jour. Paris, éveillé, se met

au travail. Partout, avec la lumière, c'est la vie ; et peu à peu, comme le silence et la nuit, s'efface et s'évanouit l'idée de Mort.

IV

NUIT AUX ABATTOIRS

Quatre heures sonnent : les réverbères sont éteints, et le long des boulevards extérieurs pâlit la verdure de grêles arbres, sur quatre rangs. Puis, c'est la rue de Flandre, large, et que parcourent seules les voitures des maraîchers. Il y a un bon bout de chemin jusqu'au pont du chemin de fer, qui coupe, là-bas, l'horizon matinal Mais le voici atteint : on en traverse l'ombre, et à droite, de grandes grilles développent leur enceinte zébrée. Sitôt franchies, une vaste cour : là des bâtiments, très bas, laissant entre eux de longues avenues, s'étendent. Une âcreté tiède, dès l'entrée, saisit à la gorge, des odeurs d'étable et de purin mêlées d'effluves salés. Et puis des bêlements et des beuglements.

Ce sont les Abattoirs.

Dans chaque avenue, les bâtiments forment des cours étroites sur lesquelles s'ouvrent, de côté et d'autre, les boucheries. Tout y est rouge. Au milieu de ces cours, coule un épais ruisseau de pourpre sombre, et des amas sanguinolents tremblent sur le pavé. De ci, de là, aux murs, des éclaboussures écarlates. Sur de longues claies gisent, pattes en l'air, des moutons égorgés, le cou pendant retenu à peine par les vertèbres, et leur sang gicle dans des auges étroites. A côté, liés sur des banques concaves, râlent des veaux.

Nuit aux abattoirs.

Cependant voici qu'un garçon boucher amène, la tête couverte d'un tablier de cuir, un bœuf docile, qui glisse sur le pavé gras. A peine l'a-t-on enchaîné d'une patte, que l'abatteur brandit le marteau terminé par une pointe creuse : un choc mat, une chute sourde. L'os frontal est percé comme à l'emporte-pièce, la bête est à terre, monstrueuse. Une convulsion dernière la tord, lorsqu'un jonc flexible est poussé dans la cervelle ; mais elle a cessé de bouger quand on lui fend la gorge et qu'un sang noir bouillonne lourdement de la blessure béante, tiédissant l'air d'une subite et âcre moiteur.

Tout à côté, une boucherie juive. Là, le bœuf n'est pas assommé. Une chaîne lui est d'abord passée autour des cornes et s'attache à un anneau dans le pavé. Puis, les quatre pieds sont entravés au moyen d'une corde qui s'enroule sur une poulie. La bête, bientôt, perd l'équilibre, tombe pesamment, se trouve immobilisée dans ses liens. Alors s'approche le Sacrificateur qui murmure une prière et qui, selon les rites, avec un coutelas consacré, tranche le cou du bœuf jusqu'aux vertèbres : clair, limpide comme un

ruissellement de rubis, jaillit le sang, inondant les pavés, fuyant en rigoles nombreuses vers le ruisseau. Et la gorge ouverte a de rauques glous-glous. Des spasmes détendent et raidissent les membres de la bête qui pantèle longtemps, jusqu'à ce qu'on la hisse au plafond, pour l'écorcher plus facilement, encore toute chaude de vie.

Munis de gobelets de fer-blanc ou de grands bols, des femmes, des hommes, se pressent et, comme à une fontaine de vie, puisent du sang à la large blessure ; les uns, avec dégoût, le boivent vite, d'un trait : d'autres le savourent, doublent la dose, ayant aux lèvres et au menton des taches rouges.

Ce sont des malheureux anémiés par l'air rare de la grande Cité.

A un autre bout de l'abattoir, des grognements retentissent mêlés de cris aigus : là agonisent les porcs qu'on égorge. Un feu de paille flambe dans un hall énorme, afin de brûler les poils qui restent encore sur les chairs roses et blanches, après qu'on les a rasées. Plus loin, des constructions contenant des chaudières et des étuves.

Enfin, tout à l'extrémité, de vastes étables où, tranquilles, des bœufs de toutes tailles, de toutes robes, aux cornes infiniment diverses, ruminent à l'attache, paisiblement ; et des parcs d'herbe rase, ou paissent en troupeaux de placides brebis, si grasses qu'elles ont peine à marcher.

V

PARC MONCEAUX

Perdu, solitaire, dans un quartier que le calme envahit dès dix heures du soir, le Parc Monceaux reste ouvert toute la nuit, ou du moins la large voie qui le traverse est-elle laissée à la disposition des voitures et des piétons. Une vive clarté électrique se répand sous les feuillages et donne aux verdures basses une teinte métallique, tandis que les cimes demeurent noires.

L'allée sablée est éblouissante, et sur cette blancheur se découpent nettement les ombres des promeneurs dont les silhouettes surgissent de loin en loin. Dans l'ombre, sur

des bancs, des couples s'immobilisent. Un enchantement, dirait-on, plane sur les pelouses d'herbe rase où des cactus se hérissent, semblables à d'énormes insectes inconnus. En plein Paris, lorsque le hasard vous conduit vers ces parages, un jardin féerique paraît éclore d'entre les maisons, et la colonnade frêle qui se profile autour du bassin fait naître la vision d'un palais aérien qui peu à peu se tramerait sur l'espace.

Même, une musique s'efforce de sortir du silence, comme un papillon qui voudrait prendre son vol hors de sa chrysalide.

Tout est rêve: seulement, voilà que

maussade, un gardien, le capuchon sur la tête, s'approche, inquisiteur, et le charme est rompu.

Un parc bourgeois, ridicule, qu on se hâte de traverser et de fuir.

VI

LE MOULIN DE LA GALETTE

Ses ailes, depuis longtemps, ne tournent plus : libellule énorme, piquée sur un bouchon, le moulin se détache sur le ciel, tout en haut de la butte, un peu à gauche. La rue Lepic par un circuit y conduit, plus longue, mais plus sûre que les raidillons et les escaliers qui y mènent en ligne droite. La porte, peinte en rose et en vert cru, est surmontée, dans un cercle de globes blancs, de ces deux mots :

BAL DEBRAY.

Un couloir qui monte, et tout de suite la salle, vaste, lumineuse, avec un pourtour semé de tables et de bancs. L'espace où l'on danse est entouré d'une balustrade de bois rouge ; au fond, sur une estrade, l'orchestre.

Le lundi soir, un monde étrange grouille dans cette salle. Il y a là des familles d'ouvriers, des clans de peintres et des bandes de filles et de marlous. Un infernal chahut et des quadrilles sans cesse succédant aux polkas et aux valses. La salle entière a l'air de prendre part à ces danses ; elle saute et se trémousse avec les quadrilles, semble être prise de vertige et tournoyer avec les valses ; les lustres de cristal se mêlent en tourbillonnant dans l'air. Avant chaque danse, c'est quatre sous par couple. La plupart du temps c'est la danseuse qui paye pour son cavalier. Là, ont débuté d'ailleurs La Goulue, grasse et belle fille, et Grille-d'Egout, avec sa gueule toute édentée de voyou de barrière. La Môme-Fromage y a eu également ses premiers succès, avec

Valentin le Désossé ou Louis d'Or pour vis-à-vis.

C'est pourquoi, jalouses de ces pures gloires, des gamines en cheveux, aussi vicieuses déjà que leurs sœurs ainées, y rivalisent entre elles, lèvent haut la jambe, montrent, dans le retroussis de jupes, le plus qu'elles peuvent de chair blanche, ombrée à l'aine d'un duvet un instant entrevu...

Mais la musique s'arrête; alors danseurs

et danseuses s'échouent, suants, autour d'une table, devant un saladier d'étain où fume un vin violâtre.

Quelques couples vont s'égarant dans le

jardin, à l'arrière de la salle, ou gagnent l'emplacement public pour y tourner, tourner sur les chevaux de bois parmi les *Jeux divers* et les bosquets qui abritent les dinettes, dont la galette « toute chaude » et le vin muscat font les frais. Des chuchotements sont ponctués de baisers et de rires. Ici comme ailleurs, comme partout, c'est l'amour qui triomphe... Et le moulin protecteur juché sur la colline qu'un escalier, barré le soir, gravit en ligne droite, étend dans l'ombre, au-dessus des silencieux énamourés, ses immobiles ailes noires, lourdes de quelque chose de diabolique.

VII

A MA CAMPAGNE

Sur le versant de la butte Montmartre, d'où on découvre toute la plaine Saint-Denis, à l'angle de la rue des Saules, qui descend à pic, et de la rue Saint-Vincent, aimée des peintres, si pittoresque et si triste, une petite maison lépreuse avec une terrasse en bosquet : c'est la Villa des Assassins. Salz, qui en fut le premier propriétaire, avait baptisé sa maison : « A ma campagne. » Mais André Gill, qui fréquenta ce petit cabaret, l'immortalisa d'une peinture qui était en même temps un calembourg, et dont une reproduction, faite par un nommé Osterling, sert aujourd'hui encore d'enseigne :

AU LAPIN AGILE

La voici; c'est un lapin quelque peu de... barrière qui échappe à la casserole et brandit d'une patte une bouteille de vin.

Aujourd'hui M'ame Decerf est la patronne du lieu, et une blonde servante, qui a des petites moustaches et un excellent caractère, l'aide, répondant au nom poétique de Stella. Le jour, on vient là se rafraîchir, et même déjeuner ou dîner, à la condition cependant d'arriver soixante minutes au moins avant l'heure du repas : la cuisine s'y fait en famille, on met le couvert soi-même, et il y a un piano qu'il est permis de tourmenter autant qu'on veut pendant une petite heure d'attente.

La nuit, la maisonnette, perdue dans ce

quartier désert qu'éclairent mal de vieilles lanternes au pétrole hissées aux bras de poternes, a ses volets fermés. Mais les habitués ont un mot de passe pour se faire ouvrir, et ce mot, c'est le petit nom de la patronne: « Adèle! Adèle! » crie-t-on à tue-tête; et *Adèle*, à moitié endormie, en peignoir,

vient vous ouvrir; elle vous abandonne sa maison. Mangez ce qu'il y a. Rien ou presque rien, du vieux fromage et des croûtes de pain; providentiellement quelque fois des œufs et du jambon; les œufs, on les fait cuire dans du vin blanc si l'eau manque, et c'est une joie que de souper dans le minuscule cabaret suspendu sur le versant de la butte, et de se poursuivre d'une pièce dans une autre, montant les petits escaliers qui les font communiquer, ou bien encore de jouer à cache-cache dans le jardin en contre-bas, plein de bosquets, dont l'ombre abrite sans doute, chaque nuit, les revenants du vieux cimetière Montmartre — tout à côté — spectres doux et effrayés que la présence des vivants chasse quelques heures, mais qui bien sûr reviennent vite après le départ de soupeurs et de leurs compagnes.

VIII

L'ELYSEE-MONTMARTRE

Boulevard Rochechouart : un des bals les plus fameux de la butte, même du temps où existaient les établissements rivaux, *la Reine-Blanche* et *la Boule-Noire*. Sous une haute marquise de verre, un escalier monumental, que baignent des flots de lumière électrique. Le contrôle s'érige en face, au bout des marches; une vaste salle couverte, construite en bois et peinte en vert clair, a ses portes sur le vestibule. On ne la fait servir qu'en hiver, ou en été par le mauvais temps. Un jardin s'étend à droite, avec un orchestre en plein air, des girandoles, un petit coin de rocailles, agrémenté de ruisselets, de cavernes et de ponts; rien de plus. Mais la vogue y mène la foule. Le bal de l'*Élysée-Montmartre* est fréquenté par tous les peintres, tous les modèles du quartier, augmentés de filles avec les deux classes d'hommes qui les accompagnent, celle qui les fait vivre, celle qu'elles font vivre. Puis des étrangers. La danse la plus échevelée est de rigueur, et on y fait cercle autour des chahuteuses les plus renommées.

Souvent les bals sont costumés et durent toute la nuit. C'est grande fête alors : du haut des rochers artificiels un feu d'artifice et des baguettes sont tirés, et les jardins sont illuminés de feux de Bengale. Au petit

jour, des pierrettes échevelées sautent encore poussivement aux bras d'Arlequins fourbus.

Puis on va s'échouer à côté, sur les bancs du café Brunet, surnommé : « *A l'Enfant-Prodigue.* »

C'est la fin de la Messe-Noire.

IX

AU MIRLITON

Au Mirliton, sur le boulevard Rochechouart, c'est Aristide Bruant, le chanteur populaire, qui règne. A cet endroit était l'ancien *Chat Noir*. La muraille qu'ornait autrefois le *Requiem* de Willette est occupée par un vaste bas-relief de plâtre. Un portrait de Bruant, en tourlourou, remplace celui de Salis, peint en reître par Gandara. Mais la disposition des meubles n'a pas changé. Quant à Aristide Bruant, qui ne le connaît pas? Grand, poitrine large et bombée — il a le profil de Bonaparte ; mais l'œil est malicieux et la lèvre ironique. Il porte de vastes vêtements de velours, de lourdes bottes, et lorsqu'il sort, un long manteau à pèlerine et un chapeau aux bords immenses, des chiens multiples, de tout poil, de toutes couleurs, de toutes tailles, l'accompagnent en jappant. Dehors, il est d'ordinaire silencieux, et va droit son chemin, en sanglier solitaire. Mais chez lui, le gosier lui démange, et presque sans cesse il *gueule* ses chansons, inimitablement. Il faut l'entendre. Tantôt c'est la *Marche des Dos*, tantôt la *Ronde des Marmites ;* puis défilent : *A Batignolles, A Montrouge, A la Villette, A Montparnasse, A Saint-Lazare* et *A la Roquette*, bien d'autres encore !

D'ailleurs en voici une, — la plus connue,

que je cite intégralement, car elle est terrible dans sa crapuleuse horreur.

A LA VILLETTE.

Il avait pas encor' vingt ans,
Il connaissait pas ses parents,
On l'app'lait Toto Laripette
    A la Villette.

Il était un peu sans façon,
Mais c'était un joli garçon ;
C'était l'pus beau, c'était l'pus chouette
    A la Villette.

Il était pas c'qu'y a d'mieux mis,
Il avait pas des beaux habits,
I's'rattrapait su' sa casquette
    A la Villette.

Il avait deux p'tits yeux d'souris,
Il avait deux p'tits favoris,
Surmontés d'un' fin' rouflaquette
    A la Villette.

Y en avait pas deux comm' lui pour
Vous parler d'sentiment, d'amour ;
Y avait qu'lui pour vous faire risette
    A la Villette.

Il avait un gros chien d'bouvier,
Qu'avait eun' gross' gueul' de terrier,
On peut pas avoir eun' levrette
    A la Villette.

Quand i'm'avait foutu des coups,
I'm'demandait pardon à g'noux,
I'm'app'lait sa p'tit' gigolette
    A la Villette.

De son métier i'faisait rien,
Dans l'jour i'baladait son chien,
La nuit i'rinçait la cuvette
    A la Villette.

I'f'sait l' lit qu'i' défaisait pas,
Mais l'soir, quand je r'tirais mon bas,
C'est lui qui comptait la galette
    A la Villette.

Quéqu'fois quand j'faisais les boul'vards,
I'dégringolait les pochards,
Avec le p'tit homme à Toinette,
    A la Villette.

I'm'aimait autant que j'l'aimais,
Nous nous aurions quittés jamais
Si la police était pas faite
    A la Villette.

Y a des nuits ousqu' les sergots,
Les ramon'nt comm' des escargots,
D' la ru' d'Flande à la Chopinette,
   A la Villette.

Qu'on l'prenn' grand ou p'tit, rouge ou brun,
On peut pas en conserver un,
I's s'en vont tous à la Roquette,
   A la Villette.

La dernièr' fois que je l'ai vu,
Il avait l'torse à moitié nu,
Et le cou pris dans la lunette
   A la Roquette (1) !

Mais cette chanson, écoutez-la de la bouche de Bruant lui-même, accompagnée au piano d'accords brutaux, et le refrain repris en chœur par tous les clients du cabaret ! Gare si ça ne marche pas bien ! Le patron s'arrête, distribue une bordée d'insultes et de jurons effroyables, et, le silence rétabli, reprend son air — tranquillement. Au reste,

(1) *Dans la rue*, chansons d'Aristide Bruant, un vol., chez tous les libraires.

il y a, dans cette ordurière poésie, l'expression exacte de tous les sentiments vils de notre âme, rendus par un philosophe cynique que Diogène aurait sans doute reconnu pour son homme. Parbleu, il ne faut avoir ni l'oreille ni les narines délicates ! Mais la bête qui est en nous se réjouit de ces tableaux de l'abjection humaine, et c'est tant mieux : elle prend sa revanche.

Nota. — Tout consommateur, à son entrée dans le cabaret, est salué d'un refrain obscène et joyeux que termine généralement le mot ... de Cambronne ; en particulier, s'il accompagne une dame.

X

LA TAVERNE DU BAGNE

ELLE a déjà une histoire très mouvementée cette taverne que Maxime Lisbonne, ex-colonel de la Commune, avait fondée sur un terrain de démolitions appartenant à la ville, au coin du boulevard Rochechouart et de la rue des Martyrs. Ce fut d'abord une construction hâtive, en planches, avec une longue façade vitrée, et qui du reste ne demeura que six mois sur cet emplacement. Elle fut transportée alors à Belleville où elle ne dura guère plus.

Mais Maxime Lisbonne est tenace dans ses inventions. Ayant trouvé au 34 du boulevard de Clichy, non loin de l'ancien emplacement du Bagne, un vaste local vide, il y fonda les *Frites révolutionnaires*, qui, en effet, firent tapage : on les *déportait* en ville au moyen d'un *panier à salade* minuscule traîné par des poneys et précédé d'estafettes costumées en gendarmes 1830.

Mais les frites n'eurent qu'un temps.

La façade du cabaret où on les servait fut modifiée; Maxime Lisbonne la fit *blinder* de plaques de fer-blanc et percer de deux portes basses et étroites, fermées et cadenassées, où, en lettres rouges, sont écrites ces deux mentions : « Entrée des condamnés. » — « Sortie des libérés. »

En un triangle dont deux des côtés sont ornés par ces mots :

Taverne du bagne,

les doux lettres *T. F.* resplendissent au centre de la devanture; puis une inscription court tout le long de la corniche : « *Voi che intrate lasciate ogni speranza,* » le vers célèbre du DANTE, suivie de cette autre : « *On en revient* » signée : LISBONNE.

Des gardes-chiourmes à face suffisamment patibulaire annoncent l'entrée des clients, en criant d'imaginaires condamnations. La première salle traversée, on se trouve dans un hall tout en profondeur dont les murailles sont *ornées* de scènes de bagne. On y voit Maxime Lisbonne représenté sous tous ses aspects, et les portraits de la plupart des communards célèbres.

La salle est éclairée de lanternes vieillottes. Le mobilier se compose de simples tables de bois blanc et de bancs. Les garçons servent, portant la veste rouge et le bonnet vert des forçats, ayant à la ceinture, au bout d'une chaîne, un boulet de métal creux qui leur sert d'escarcelle. Tout au fond du hall, les visiteurs se pressent devant un grillage, derrière lequel des sortes de tableaux vivants : cellules de condamnés au travail, forge et outillage nécessaire au ferrement

d'un forçat. Mais comme les curieux viendraient plus nombreux à la Taverne du bagne que les clients, la consommation y est obligatoire; on n'est libéré que sur la présentation d'un ticket, lequel n'est délivré que contre le payement d'une consommation; il est cependant permis de boire ou de ne pas boire.

Impassible, le citoyen Lisbonne surveille bourgeoisement sa clientèle.

XI

LE RAT MORT

PLACE Pigalle, le *Rat mort* est le plus ancien des cafés qui s'y trouvent. Il y a quelque vingt-cinq ans, quatre joyeux compères, le peintre Marchal, Léon Goupil, Victor Davau et Olivier Métra vinrent y prendre un apéritif. Ils trouvèrent le café en grand émoi : on venait de découvrir, dans la pompe à bière je crois, un énorme rat récemment décédé. « C'est ici le café du Rat mort », s'écria Marchal, et ainsi fut baptisé l'endroit. Goupil tout aussitôt peignit au plafond la malheureuse bête, et Davau, plus tard, fit quatre panneaux oblongs

qui ornent encore l'établissement. Extérieurement le café fait l'angle de la place Pigalle et de la rue Frochot; intérieurement il a la forme d'un boyau coudé; des artistes, des peintres l'ont fréquenté, le fréquentent encore. Mais le bruit court que c'est aujourd'hui le rendez-vous préféré des jeunes femmes que l'exemple de la poétesse Sapho initia aux rites mystérieux de Lesbos. Même, dit-on, de « grandes dames » viennent avec leurs amoureux, y choisir une

compagne d'une heure, l'auxiliatrice discrète et savante qui leur évitera les inutiles fatigues préliminaires.

Le fait est qu'on y voit souvent souper de jeunes femmes, en tête à tête, gentiment.

XII

LA TRUIE QUI FILE

Une longue bâtisse n'ayant qu'un étage, vers le milieu de la rue Fontaine : c'est un café, que rien au premier abord, ne distingue des autres, si ce n'est son nom archaïque et bizarre qui court tout le long de l'enseigne, en larges lettres d'or :

LA TRUIE QUI FILE

La salle intérieure est banale au possible, avec de hautes glaces et des dorures. Dès le commencement de la soirée, le monde des soupeuses envahit l'établissement bruyant et multicolore. Mais c'est

surtout au sous-sol que la foule descend. Partagé en boxes d'écurie anglaise par des cloisons à hauteur d'homme seulement, en bois clair vernis, ce sous-sol a un aspect canaille que contribuent à lui donner des tableautins orduriers, représentant toute une famille de cochons dans les différentes phases de la vie humaine. Le peintre a, bien entendu, choisi celles qui prêtaient le mieux aux sous-entendus pornographiques. C'est, par exemple, la *Nuit de noces,* ou l'*Accouchement.* On peut se faire une idée des autres. L'auteur de cette décoration, c'est *Davau.* Davau est bien connu de tout Montmartre, non point pour son seul talent de peintre, mais pour sa force herculéenne. Du reste, il suffit de le voir pour se figurer la puissance musculaire qu'il est capable de développer. De taille moyenne, il a les épaules et le cou d'un taureau, et sa tête brutale, où le nez est brisé d'un coup de crosse de fusil, semble taillée à coups de serpe dans du chêne.

Par un contraste singulier ce colosse est, de son métier, graveur en pierres fines, et il y a de lui des camées merveilleusement travaillés.

Quant à sa réputation de courage et de

force, Davau l'a justement méritée : il porte sur le torse et les bras les cicatrices d'une trentaine de coups de couteau, et quelques-uns de ses combats corps à corps sont restés célèbres ; aussi, lorsqu'il est à la *Truie,* personne ne bouge, quoiqu'on s'y dispute assez souvent, comme dans tous les cafés de nuit servant de lieu de rendez-vous aux chasseuses d'hommes.

Cependant ce n'est pas un mauvais coucheur que Davau : connaissant sa force, il n'en abuse jamais et ne s'en sert que pour soutenir le bon droit.

N'est-ce pas, Davau ?

XIII

LE CHAT NOIR

Un flamboiement barre la rue — c'est la lumineuse façade du *Chat Noir*, sur laquelle, en effet, trône le sinistre animal, gigantesque dans une gloire d'or ! Entre les bois brunis et sculptés qui composent la devanture éclate, dans une large baie, la verrière de Willette : « *Te Deum laudamus.* » C'est, au centre, la Mort qui di-

rige l'orchestre de la Vie, et en bordure
apparaissent les instruments que tiennent
des musiciens invisibles. — Lui faisant face,
trône la Fortune, — le Veau d'or, Israël, —
que le peuple nu, ayant aux mains des
chaînes brisées, menace avec des instruments de travail. A côté des travailleurs, la
Virginité est à vendre, et, plus loin, une mère
étrangle l'enfant qu'elle vient de mettre au
jour : mais la millionnaire Divinité est impassible. Plus loin, c'est la Poésie, une
Jeanne-d'Arc armée de pied en cap, que la
Misère hideuse, cul-de-jatte, étreint aux
jambes. Et cependant, le Pouvoir, le roi-
de-trèfle couronné, saisit au poignet la
Beauté, cette Danseuse-Hérodiade, qui, sur
un plat, porte la tête offerte d'un saint Jean-
Baptiste martyr.

Je ne crois pas que Willette ait jamais
fait quelque chose d'un art plus suggestif;
mais parallèlement à la pensée du peintre
il y a encore sa science du coloris, qui fait

de ce vitrail une musique charmeresse pour la vue.

De droite et de gauche illuminant la rue pendent deux lourdes lanternes carrées, en

fer bizarrement forgé, aux verres rouges.

Voici l'entrée.

Une porte étroite est surmontée d'un auvent rustique terminé en pointe : quelques marches : c'est le Perron. Le plâtre éblouissant de blancheur d'une Vénus de Houdon, un suisse chamarré, gigantesque, armé

6.

d'une hallebarde, — Bel-Ami, — et sur la

gauche, la salle commune, surnommée salle

des Gardes, s'il vous plait! avec sa cheminée monumentale, dont des chats multicolores composent l'architecture étrangement ar-

chaïque et moderne. Du plafond traversé de poutrelles, des lustres de fer contournés fantastiquement éclairent la vaste pièce. Un énorme lutrin, que forment les ailes éployées d'un aigle sculpté en plein chêne, occupe, ombragé de hautes verdures, tout un coin à droite, devant le dressoir. Et les murailles se tachent de quatre panneaux

signés : Willette. C'est d'abord le *Moulin de la galette* qui tourne, tourne et tourne avec ses grandes ailes de libellule sur lesquelles désespérément s'accrochent, nues,—vivantes ou mortes déjà—les jeunes femmes qui se sont jetées à la suite de leur bonnet. Puis l'admirable *Cavalier de la Mort* — « pour le roi de Prusse ! » — qui, la lance au poing, sur un étique cheval

houssé de noir, et dont les quatre maigres pieds sont bottés de sang, précède les petits troupiers français battant la charge là-bas, voilés à moitié par des nuages de poussière et de poudre comme aussi dans les plis du drapeau tricolore, tandis que devant eux resplendit tranquillement l'horizon d'un dernier beau soir. Faisant face à ces deux panneaux, c'est *Robespierre, Marat* et *Danton* auxquels est servi comme lapin le chat de Charlotte Corday. Enfin, c'est la *Chasse à l'amour :* des vierges folles, montant de furieux chevaux, et poursuivant le dieu espiègle et aveugle qui fuit sur les flottantes feuilles des nénufars !

Plus loin, tout un pan de muraille est décoré par le peintre Steinlen, avec une montée multicolore et miaulante de chats, vers une pleine lune qui luit à l'horizon et sur laquelle se détache, toujours, la silhouette du chat noir !

Mais l'hôtel contient encore deux salles au premier, plus intimes, que le Guide précieux de l'endroit baptise : *Salle du conseil* et *Oratoire ;* on y parvient, n'est-ce pas ? par le grrrrand escalier d'honneur, lequel monte au second étage jusqu'à la salle dite des Fêtes. C'est dans cette salle toute rouge, que se trouve le fameux *Requiem* de Willette qui fit la réputation de l'ancien *Chat Noir*, alors que, cabaret modeste, mais tapageur, il se trouvait sur le boulevard Rochechouart non loin de l'Élysée-Montmartre, à la place où Aristide Bruant a fondé depuis le *Mirliton*. Dans cette même salle des fêtes, est installé le minuscule théâtre où l'*Age d'or* de Willette, la *Tentation de saint Antoine* de Rivière, *L'Éléphant* d'Henri Somm, *le Casque d'Or* d'H. Pille, *6000 ans à travers les femmes et l'histoire* de Robida, font succéder leurs ombres amusantes.

Toute l'*hostellerie* d'ailleurs est d'un moyen âge bizarre et fumiste. La mode est depuis longtemps aux époques passées ; mais le plaisir en est coûteux, même lorsque d'habiles ébénistes sont parvenus à fabriquer d'anciens bahuts, préférables de beaucoup aux authentiques vieilleries par la raison qu'ils sont *neufs* et plus solides. Rodolphe Salis, en créant son cabaret, a mis à la portée de tous ce moyen âge si recherché ; même il a su le rapetisser à la taille de ceux que ce goût rend fiers d'eux-mêmes. Dans ce milieu, Salis, improvisateur d'une verve intarissable, donne l'impression d'un homme né effectivement au xvi° siècle. Il a, comme on dit au théâtre, la gueule de l'emploi. C'est avec son regard inquiétant, gris et bleu, son nez en bec d'aigle et sa barbe rousse, un reitre, un soudard brutal et chef de bande. C'est aussi un arrière-petit-cousin de ces nobles italiens qui écrivaient aux artistes dont nous admirons les fresques divines et les invitaient à couvrir de peinture les murs de leurs châteaux, en les assurant seulement qu'ils seraient traités « comme le meilleur de leurs domestiques ». Tel Rodolphe Salis a hébergé au Chat Noir toute une génération de jeunes peintres et de poètes, ne leur demandant en salaire que des bribes de leurs talents. Mais ces bribes l'ont payé, et outre mesure. Cependant, qu'ils aient trop à se plaindre de l'hôte qui, pendant une période de leur existence, a été leur adroit Mécène, je ne le crois pas, — la renommée et le succès leur étant venus en échange... quelquefois !

Rodolphe Salis, qui a le sens très moderne de la réclame, a su grouper d'ailleurs de la sorte autour de lui pas mal d'esprits originaux : ce sont Alphonse Allais, Jules Jouy le rival de Bruant, chansonnier officiel qui, dans un journal à la solde du gouvernement, a proclamé en vers les beautés du régime actuel ; puis Mac-Nab, Victor Meusy, Henri Rivière ; c'étaient A. Bruant, Jean Rameau, Emile Goudeau et bien d'autres que des nouveaux sans cesse remplacent. Salis seul est toujours là, égal à lui-même. Avec un inimitable bagout, de sa voix enrouée et mordante un bock à la main, il harangue ses consommateurs; écoutez plutôt ces paroles sténographiées, ou à peu près :

« *Bourgeois stupides, qui m'écoutez avec les yeux étonnés d'un chat accroupi sur la cendre ou d'une vache qui regarde passer un train, buvez ma trop bonne bière que je ne vous fais pas payer assez cher, ou je vous fous dehors! Vous n'êtes venus ici que pour être stupéfiés autant que vous le méritez. C'est-à-dire incommensurablement. Imbéciles notoires que vous êtes, videz vos poches, vous en aurez pour votre argent, et pour la première fois de ma vie je ne serai pas ingrat! Car je vous donnerai autant de coups de pied au cul qu'il vous en faudra pour faire de vous des êtres intelligents. Or, Dieu et le diable savent s'il en faut! Mais ici on ne rend pas l'argent. En attendant, buvez,* NUNC EST BIBENDUM! *pour que Montmartre, la capitale de ce Paris dont vous êtes les parties honteuses, pour que Montmartre, dis-je,*

resplendisse semblable au phare de la tour Eiffel, ce phallus de la capitale, comme le Chat Noir en est le cerveau, et comme le Moulin de la Galette en est l'âme! Ainsi soit-il. — Garçon, des bocks! »

Bouche bée, on écoute cette harangue improvisée; on applaudit, et une musique éclate couvrant les bruits, dominée par la seule voix du maître.

XIV

L'AUBERGE DU CLOU

Une halte s'impose, lorsqu'après avoir gravi la rue des Martyrs on est parvenu à l'avenue Trudaine. D'ailleurs l'*Auberge du Clou,* insidieuse, jette une clarté douce sur la chaussée.

Là, existait il y a sept à huit ans un marchand de fleurs et d'oiseaux, du nom de Mousseau, ancien acteur. Le commerce n'allant pas, un de ses amis, le peintre Rouby, proposa de transformer la boutique en auberge. Il dessina même la façade et le plan. Mais Mousseau manquant sans doute d'argent, ce fut le propriétaire actuel qui fournit les fonds nécessaires pour la création de l'auberge, ouverte le 1ᵉʳ décembre 1883. Elle est dans le goût breton, et on en voit encore de semblables dans le fin fond du Finistère. Les fenêtres sont à petits carreaux, mi-voilées de rideaux de cotonnade blanche et rouge et grillées aussi de barreaux épais ; une chouette, les ailes étendues, est clouée au-dessus de la porte où se balance l'enseigne, un énorme clou peint sur une plaque de tôle entre deux lanternes carrées, vieillottes,

Tout, à l'intérieur, est rustique : le plafond, l'escalier, les dressoirs et les tables ainsi que les chaises sont de bois jaune clair, verni et propre. Une vaste cheminée, qui, l'hiver, brûle d'énormes troncs d'arbres. La vaisselle est de faïence multicolore, et le vin rouge, ou blanc, est servi dans des brocs de terre brute. Mais deux particularités distinguent l'*Auberge du Clou* et l'originalisent : ce sont le sous-sol et la salle du premier. Le sous-sol, très simple, que n'éclairent presque pas les soupiraux étroits, a ses quatre murailles peintes en fresques caricaturales. Il y a là des pochades de Somm, de Rivière et de Willette : c'est, ici, un duel au revolver à bout portant; là une vision d'enterrement sous la pluie; plus loin un fœtus effroyable né d'un éléphant; ou encore une femme murée; enfin les plus abracadabrantes folies dues à l'imagination en délire de trois peintres de talent.

Au premier, c'est, tout au contraire, une salle claire, blanche, avec de fines dorures, très moderne : neuf panneaux de Willette la décorent joyeusement. C'est, à gauche de la cheminée, le *Souper*, avec cette délicieuse petite femme mi-déshabillée, dont le mouvement de frayeur — les bras tendus en avant — fait si adorablement sursauter hors du corset dégrafé, la poitrine mignonne. C'est le *Mariage*, où la belle-mère secoue en vain son gendre ivre-mort, échoué à terre, tandis que la mariée se raidit dans sa robe immaculée. Et encore les *Baisers*, l'*Auberge*, le *Punch* et enfin le *Retour d'enterrement* : une Pierrette tout en larmes, que des croquemorts un peu gais, mais pas méchants, essayent de consoler ; or Pierrette n'écoute pas, et dans la lune blanche qui s'élève là-bas à l'horizon, elle voit la pâle figure morte de son pauvre Pierrot. Les trois autres panneaux, plus étroits, symbolisent l'*Eau*, le *Vin* et la *Bière :* une adorable et frêle vierge qui boit au creux de ses mains à une source, une cantinière qui court à la bataille et que le sang enivre, et une massive fille germaine portant de grandes chopes pleines.

Aussi fait-il bon, à « l'Auberge du Clou », de choisir pour y souper gaiement, quoique mal,

cette salle où le talent délicat de Willette chante ses claires chansons de lumières et de couleurs ; même, le contraste entre les bonnes peintures dont les yeux se repaissent, et les maigres plats qui laissent le ventre à jeun, n'est qu'un rare piment de plus !

XV

A LA GRAND'PINTE

Contigü à l'*Auberge du Clou* — le cabaret de *la Grand'Pinte*, un tout petit coin moyen âge, en forme de boyau. Rien de bien particulier si ce n'est que l'enseigne rappelle les admirables vers d'Auguste de Châtillon, empreints d'une si douce mélancolie stoïque, dont le charme hante longtemps la mémoire.

Aussi vais-je les citer, au moins en partie;
les voici :

> A la Grand'Pinte, quand le vent,
> Fait grincer l'enseigne en fer-blanc,
>   Alors qu'il gèle,
> Dans la cuisine on voit briller
> Toujours un tronc d'arbre au foyer,
>   Flamme éternelle !

. . . .

> J'attends mes amis... Au lointain,
> Tout est gelé sur le chemin,
>   La plaine est grise.
>
> Pour mieux voir, j'ouvre les rideaux,
> Le givre étend sur les carreaux,
>   Un tain de glace ;
> Il trace des monts, des forêts,
> Des lacs, des etfleurs des cyprès :
>   Je les efface !

. . . .

> Nous sommes quatre compagnons,
> Qui buvons bien, mais sommes bons,
>   Dieu nous pardonne !

L'un mort, il en restera trois,
Puis deux, puis un, et puis, je crois,
Après... personne !

Mais a-t-il seulement songé à cette poésie délicieuse, le patron du nouveau cabaret *A la Grand'-Pinte?*

XVI

AU BON COIN

Un coin excellent, à l'angle de la rue Rochechouart et de Dunkerque, à l'extrémité de l'ombreuse et tranquille avenue Trudaine. Un patron meilleur encore, le père Josnard, joyeux et amène. Son cabaret s'appelle en réalité la « Tartine Rochechouart », mais les clients lui ont donné le surnom flatteur sous lequel il est connu de tout Montmartre. On n'y chôme pas *Au Bon coin*, allez ! Le patron ou la patronne ne font que servir interminablement leur affamée clientèle. Et comme celle-ci est

curieuse ! des artistes et des ouvriers, franchement mêlés, se sentant bons camarades et gens du peuple les uns comme les autres. On vient là boire un coup, manger un morceau et... rigoler ! Pas pour autre chose. Les belles filles diaprent les différents groupes de leurs frimousses gaies et de leurs jeunes voix. Car on chante si l'on veut, chez le père Josnard, et on s'en donne à cœur joie, je vous prie de le croire ! Aussi, comme les tranches de jambon rose, et les bouteilles de vins bleus, et les miches de pain blanc disparaissent, sont vidées, s'engloutissent ! C'est une vraie fête qui recommence chaque soir, et qu'à peine vient interrompre le coup de deux heures. Alors il faut fermer portes et volets. Mais on continue de plus belle à l'intérieur, et les retardataires n'ont qu'à crier de leur plus grosse voix : « Père Josnard ! » pour que vite la porte s'entre-bâille, et qu'une place se fasse dans l'hospitalière tartine *Au Bon coin*.

Ça dure souvent ainsi jusqu'au petit jour. A la sortie, on voit les ouvriers descendant au travail des hauteurs de Montmartre, tandis que les porteurs de journaux et les maraichers y montent.

XVII

LA TAVERNE MONTMARTRE

Au carrefour que forment les rues de Châteaudun, de Maubeuge et du faubourg Montmartre, un angle de maison s'allume, dès la tombée du jour, de toute une devanture multicolore : ce sont les vitraux de la Taverne Montmartre, qui pour les intimes est la brasserie Pousset, du nom de son propriétaire, et qu'on nomme aussi dans l'argot du noctambulisme : « Les Culs-de-Bouteilles. » Ses vitrages se composent en effet de verres qui affectent cette forme et ressemblent ainsi aux fenêtres des vieilles hôtelleries flamandes.

La brasserie Pousset est comme la première station où l'on doit s'arrêter et boire avant de gravir la butte et entreprendre la *Montée des Martyrs,* comme elle est aussi celle où il faut se reposer et boire encore après la descente. Cette montée et cette descente deux vitraux les symbolisent, à gauche et à droite de la petite salle de la taverne : à gauche, ce sont des jouvenceaux et des jouvencelles qui s'empressent vers les hauteurs en faisant de joyeux gestes d'appels ; car tout le long de la route s'échelonnent les enseignes des bons cabarets. A droite, de bons buveurs et leurs compagnes s'en retournent gaiement. Ils titubent peut-être ; qu'importe ? Est-ce que le cabaretier là-haut n'est pas lui-même abominablement gris ; aussi, comme il rit de bon cœur sur le devant de sa porte en son blanc costume de cuisinier !

Ce qui a fait la vogue de cette taverne, où vers une heure du matin pas une place

n'est libre, et où cependant on entre toujours, sans que jamais personne en sorte, c'est le sentiment d'intimité qu'on éprouve dès qu'on y est assis — devant le bock *bien tiré* de fraîche bière.

L'intérieur de la brasserie respire le bien-être flamand, avec ses vastes tapisries d'un ton uniformément vert-mousse où la vue se repose — avec ses hautes plaques

de faïence dont l'une représente un Gambrinus barbu, — proche parent, certes! du maître de la maison — qui vide d'immenses chopes à cheval sur un tonneau, et l'autre une grosse et blonde servante montrant, toutes jupes retroussées, ses mollets musclés aux bas de couleurs (1) ! — Puis les dressoirs, les comptoirs, les tables et les chaises, en noyer sculpté, ont quelque chose qui réconforte et rassure dans leur massivité.

Aussi la Taverne est-elle le rendez-vous d'une partie de ce fameux Tout-Paris. Il s'y trouve, presque chaque jour, aux mêmes tables, les mêmes figures connues. On s'étonnerait même de ne pas les y voir, et lorsqu'une absence prolongée se produit, parmi ces habitués réguliers, des questions se croisent en l'air, quêtant une réponse.

On a souvent entendu gravement affirmer qu'en général la brasserie avait une influence pernicieuse, qu'elle émasculait les talents, faisait des ratés de gens d'avenir, et l'on cite d'ordinaire, comme preuve, toute la généra-

(1) D'après F.-A. Kaulbach.

tion de la bohème : les Henri Murger, les Alfred Delvau, les Amédée Pommier, les Fernand Desnoyers et tant d'autres. Ceux-là, en effet, n'ont rien ou peu produit. Mais est-ce que Gérard de Nerval, est-ce que Charles Baudelaire, n'avaient pas eux aussi été de la brasserie, de la grande, celle des Martyrs, aujourd'hui si délaissée, à mi-côte de la butte ? — Certains tempéraments résistent à tout, ne cèdent pas aux influences, et ce sont ceux-là, ceux-là seuls, qui produisent une œuvre. Qu'importent les autres, tant pis pour eux ! — Non, il n'y a pas de mal, lorsqu'on se sent fort, à s'attarder, la journée finie, pour causer entre amis en buvant de la bière, surtout lorsqu'elle est fraîche comme « Aux Culs-de-Bouteille ». Et si, par hasard, le sommeil ne vient pas prévenir que la nuit s'avance impitoyablement, on est prié avec politesse de quitter la taverne dès trois heures sonnées.

XVIII

BOULANGERIE CHATEAUDUN

Un coin curieux du Paris nocturne, c'est cette unique boulangerie ouverte nuit et jour, où l'on vend du pain sans interruption du soir au matin et du matin au soir. De loin, sa devanture illumine la rue sombre; à trois heures la boutique regorge de monde. Les noctambules, chassés de tous les cafés, de toutes les brasseries, viennent là s'échouer, boire un dernier coup, manger un dernier morceau, avant de se décider au sommeil. Une bonne odeur de pain chaud vient par l'escalier qui descend

au sous-sol, et la porte entr'ouverte laisse apercevoir une lueur rouge où danse la poussière illuminée de la farine. Avec des bouffées de chaleur, montent les ahans des mitrons; l'un d'eux se montre quelquefois nu jusqu'à mi-corps, et tend au bout de son bras des miches dorées et brûlantes. A son comptoir la patronne, souriante toujours, M'ame Riquier, prépare des petites sandwichs, présente à ses clients des gâteaux, et, aimablement, encaisse l'argent qu'on a plaisir à lui donner. Les consommateurs, attablés ou debout, chantent et crient, taquinent la servante blonde, *N'y-touche*, qui n'en veut jamais à personne. Timide, un loqueteux se profile sur le seuil. Et on lui donne du pain et des sous. Voici le petit Charlot, avec sa boîte, qui vient vendre des parfums et des savons. Passe un toutou philosophe. Puis ce sont des filles ; elles entrent : et le tumulte augmente. Il y a autour des tables des bousculades, des mains qui s'égarent dans des corsages dégrafés d'où sortent des seins, gros fruits de chair blanche, bientôt posés au bord des assiettes, et les rires se croisent avec des mots obscènes, avec des baisers, comme des balles que se renvoient des joueurs.

Tout se mêle, les couleurs, les sons, les parfums ; tignasses rousses et hoquets, odeur de musc et sueurs féminines. Cet ensemble, les miroirs des murs paraissent le réfléchir ; il y a des reflets de voix, des

échos de chiffons rouges ou bleus, parmi les flacons multicolores où les liqueurs sont de liquides pierreries, topazes, émeraudes, rubis ou diamants. Et l'on s'attarde jusqu'à l'aurore, jusqu'au matin, où déjà viennent, alertes, les bonnes du quartier prendre des petits pains et des croissants tout chauds.

Puis aussi le mitron, la banne sur la tête, s'en va porter en ville des pâtés odorants.

La nuit est passée ; par bandes ou isolément, les clients s'en vont, et descendant le faubourg, au coin de la rue Lafayette, s'arrêtent devant la pharmacie Montmartre toujours ouverte et qui guette, avec ses cruels bocaux multicolores, qu'on croirait les yeux de quelque énorme félin. « Mieux vaut encore enrichir le boulanger que le vendeur de drogues, » — songent-ils en leur douce philosophie d'ivrognes, et ils passent en une débandade joyeuse.

XIX

AUX FOLIES-BERGÈRE

A un coude du faubourg Montmartre, des lettres de flamme indiquent le chemin. C'est là-bas, au bout de la rue, ce large bazar tout lumineux. Nous y voici. On pousse une des portes de velours rouge et on est dans un jardin d'hiver, qui semble aussi une vaste tente. Les Folies-Bergère, nom suggestif entre mille! La folie y mène paître en effet les bons moutons de Panurge. Sous les pas cliquètent des petits cailloux.

Une rumeur de fanfare emplit l'espace, zébrée par le ruissellement d'un jet d'eau. La foule hésitante circule parmi des massifs de feuillage, des petites tables et des chaises, dans une interminable promenade lente et régulière. Mais un timbre a retenti; dans le remous humain un courant se produit, et des files se dirigent vers le fond, suivent les couloirs de côté où de multicolores affiches crient leur réclame, préconisent des pilules, conseillent des corsets, vantent mille choses. La foule devient plus dense à mesure qu'on approche, et il y a de longs coudoiements qui vous englobent. Voici, enfin, une balustrade, une rampe en velours, où il est loisible de s'appuyer entre deux voisins toujours trop gros. Le bonheur est de trouver une place libre, un fauteuil, avec la planchette sur laquelle on pourra boire n'importe quoi. Sous une voûte oblongue formée d'arceaux métalliques, et peinte de façon à paraître un velum, la salle de spectacle, en forme de fer à cheval, est suspendue. Au-dessus du parterre, des câbles s'entre-croisent; tout à l'heure, on a tendu là un filet, dont les mailles ont quadrillé l'air minusculement. Et voici que sur la scène, une jeune femme sa silhouette, en maillot de satin et d'or.

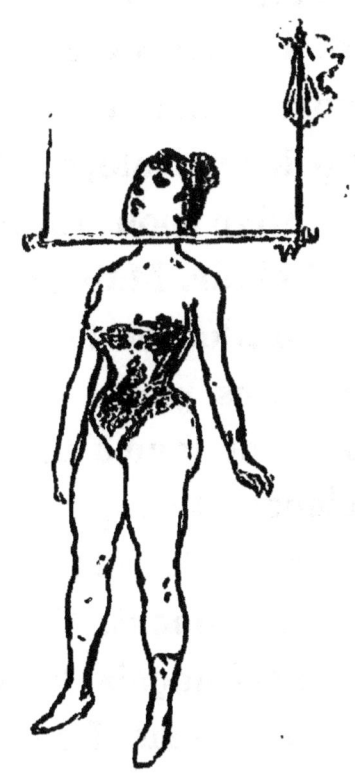

Elle a bondi, s'est élevée jusqu'aux cintres, et de là sur un trapèze, charme l'espace de ses mobiles poses, si gracieuses qu'elles semblent naturelles ; la gymnasiarque voltige et plane ; brusquement, elle se pend d'un pied au trapèze, son autre jambe se replie, flexible, autour du cou et se mêle aux bras ; au bout d'un fil ténu, on dirait une araignée chatoyante, et c'est sa toile qui, sous elle, s'étend. En sourdine, l'orchestre rythme les mouvements de cette fille aérienne. Un coup de cymbale, soudain. Puis un frisson d'admirative épouvante ! La jeune femme s'est laissé choir. Mais la voici déjà debout au centre du filet, et des applaudissements qui, de toutes parts, éclatent, diminuent et redoublent tour à tour, saluant son audace gracieuse et souple.

Maintenant, ce sont des clowns qui, sur la scène, se contorsionnent. Ils baragouinent un patois anglo-français, titubent, culbutent, tombent avec fracas. Des claques retentissent, tandis que d'inextinguibles rires secouent la salle entière. Plus leurs farces sont simples et grossières, plus la joie publique est intense. C'est la caricature de la vie que font ces burlesques acrobates, bafouant et ridiculisant sans pitié chacun des sentiments qui sont les mobiles des actions hu-

maines. Et vioci qu'ils se jettent, d'un bout de la scène à l'autre, puis à travers la salle, de blancs chapeaux coniques, qui viennent comme d'eux-mêmes s'emboiter sur les têtes de ces jocrisses cocassement travestis.

Mais le timbre retentit de nouveau. Un ballet. Presque nues, des femmes. Elles pirouettent; les jupes de mousseline s'envolent horizontales, et les ventres, sous les maillots roses, bombent voluptueusement.

Cependant, malgré le spectacle, on cause et on rit dans la salle, dans le jardin. Un escalier mène au premier étage qui forme galerie. Tout le long, ce sont des bars que des filles, souvent jolies, provocantes et décolletées, achalandent de leurs personnes. Et les promeneurs marchandent, discutent; des langages différents se mêlent; on parle anglais, communément : des palfreniers et des lords, des jockeys et des commerçants graves de la Cité; puis le roumain domine, mêlé d'espagnol; plus rares, des mots allemands pointent çà et là. Et parmi ces hommes de toutes nations se glissent une à une, ou deux par deux, des femmes plus diverses encore : toilettes tapageuses ou discrètes, figures fardées outrageusement ou visages voilés, chevelures rousses, noires et blondes, châtaines, brunes, ou poudrées,

étalage de chairs où tous les goûts peuvent se satisfaire, n'ayant que l'embarras du choix. Même de louches jeunes hommes, frisés, parfumés, vêtus à la dernière mode, finement chaussés, le monocle à l'œil, ou au doigt, marchent d'une manière équivoque, avec des sourires aux lèvres et aux yeux. Et cette foule interlope, gravement, des familles austères, le papa, la maman et ses filles la traversent, laissant derrière elles comme des sillons de vertu imbécile. Car les Folies-Bergère ont pour ces gens-là des attractions véritables : les clowns, les acrobates, les gymnastes, les dompteurs et les lutteurs, aussi bien que les danseuses et les mimes, répondent aux besoins de joies physiques qu'il est nécessaire de contenter, pour le juste équilibre de toutes les fonctions de la chair, beaucoup mieux que les ineptes gaudrioles, accompagnées de dislocations écœurantes d'un chanteur de café-concert ; celles-ci ne sont en effet que l'expression des avilissements de l'esprit.

Tout cela d'ailleurs, parce que les jeunes

gens de la génération actuelle, ennuyés et spleenétiques, ne cessent de se répéter, mentalement, cette phrase : « Frères, il faut vivre ! »

Comme si cela était nécessaire.

XX

L'IMPRIMERIE NOCTURNE

Paris endormi garde toujours son activité intellectuelle; et de même que le sommeil ne s'empare jamais entièrement du cerveau humain où, durant les heures noires, la pensée triomphe encore dans les songes, de même Paris manifeste chaque nuit ses espoirs et ses rêves par les journaux qui s'y impriment. — En entrant dans un de ces ateliers qui produisent de deux à cinq heures du matin une innombrable quantité de feuilles, l'âcre et fade odeur de l'encre soûle, ainsi que celle du sang, et on se dirait sous la voûte de je ne sais quel crâne de Titan. Ce n'est pas un des côtés les moins curieux de la vie nocturne de Paris. Il y a une joie spéciale — et chaque fois je l'éprouve — d'aller prendre au sortir des presses la feuille humide encore d'un journal, et d'y parcourir avant tout le monde les nouvelles; il semble qu'on a gagné du temps — *Time is money!* — puisqu'on a lu déjà ce que d'autres ne pourront lire que plusieurs heures plus tard.

Trois heures après minuit. — Rue Drouot. L'hôtel aux colonnes onduleusement cannelées d'un goût composite et bizarre, à la fois très moderne et archaïque. La façade est sombre. Devant la grande verrière qui ne s'allume plus de multicolores lumières, la statue de Figaro s'immobilise dans sa moqueuse attitude. Pourtant une vague rumeur sourd des portes closes, et une trépidation agite le sol. A l'angle de la rue de Provence, le bruit se précise, et, en effet, c'est là l'entrée des imprimeries et des messageries, devant laquelle, en longue file, des voitures attelées et à bras stationnent; sur leur siège ou accotés aux maisons, les porteurs s'endorment dans l'attente.

Voici la porte : une petite salle meublée d'un seul comptoir, au-dessus duquel un bec de gaz étend ses ailes de papillon de flamme. Personne n'est là à cette heure. Tout au fond, un couloir où l'on s'engage, dans le vacarme qui augmente; puis un escalier. On descend. Brusquement on pénètre dans une atmosphère qui a la pesanteur du plomb, et une étouffante chaleur oppresse la respiration.

En bas, c'est une vaste cave voûtée. Les

L'imprimerie nocturne.

yeux clignotent, aveuglés par l'irradiante lumière de l'électricité, et dans une vapeur de clarté se profile une rangée de machines

immobiles encore; sur des arbres de transmission qui s'enfoncent tout là-bas, d'innombrables poulies tournent et grondent. Le hall semble un décor profond; des ouvriers vont, viennent, poussant devant eux de petits chariots, et dans une rumeur indéfinissable surgissent de stridents grincements de scies, pointent des appels aigus. Ce sont les ateliers, situés juste au-dessous des salles de l'hôtel.

Déjà est commencée la fabrication du journal. Les articles, composés et corrigés, sont mis en des formes placées sur un *marbre* spécial au-dessous duquel peut s'allumer un foyer au gaz. Dans une pièce à côté, on a fait, en appliquant les unes sur les autres cinq ou six grandes feuilles de papier, enduites de colle de pâte, un *flan* humide dont chaque forme sera recouverte : puis, en le frappant avec des brosses dures et fines, on fait prendre au flan l'exacte empreinte des caractères ; mais en cet état il serait trop malléable encore pour servir ; on glisse donc la forme sous une presse, on allume le foyer : le flan se cuit, devient une sorte de vaste gaufre solide, quoique toujours flexible ; on l'appelle maintenant la *matrice*. D'un tour de main, l'ouvrier l'incurve en un moule qui bascule. Fermé, puis redressé, on y verse le métal en fusion, dont le fondeur, robuste et demi-nu,

a rempli une mesure de fonte avec une énorme cuiller qu'il manie facilement.

Quelques instants après, luisant et neuf sort un demi-cylindre du moule. L'autre moitié est faite de même; et d'autres cylindres les suivent. A mesure, on les fixe sur l'axe des presses rotatives et celles-ci roulent tout aussitôt avec un vacarme grondant, dévorant de larges et interminables bandes de papier, rejetant en même temps, de seconde en seconde, des exemplaires du journal. Voici qu'on les enlève par centaines, en ballots épais, et lorsque l'énorme quan-

tité qu'en exigent la province et l'étranger est partie, chargée sur des voitures qui s'éloignent au galop pour toutes les gares de chemins de fer, les porteurs se précipitent, s'empressent, se bousculent, emportant sur leurs têtes des tas non pliés, fuyant à toutes jambes, comme des voleurs, vers vingt directions différentes.

C'est fait, le *Figaro* est paru et il recommence sa tâche quotidienne. Il s'en va par la capitale, par la France et par

le monde, frondeur et batailleur, suscitant mille sentiments divers. Sa plume est une bonne épée qui ploie et ne brise pas, et, spirituel spadassin, il sait que la victoire est au bout; souvent il a frappé d'un estoc sûr, en plein cœur, la Bêtise au front de taureau, et comme l'arène est vaste, le combat recommence toujours. Qu'importe! Et puis est-ce que de belles mains ne l'applaudissent

pas, l'habile toréador, et les sourires ne s'inclinent-ils pas vers lui? La Fortune, qui est femme aussi, lui a tendu d'ailleurs un doigt; Figaro a son escarcelle pleine. Et s'il la vide parfois pour secourir une infortune, c'est en cachant d'un pan de son manteau sa charité, persuadé que si la main gauche doit ignorer ce que donne la main droite, personne aussi ne doit savoir à qui elle le donne.

XXI

LE GAULOIS

Un café, dont les deux grosses lanternes flambent sur le faubourg Montmartre et qu'on voit d'un boulevard. Il a l'aspect de tous les autres jusqu'à deux heures : alors on pose les volets, rapidement, sous les yeux des braves sergots bougonneurs ; on éteint les lanternes, et derrière cette devanture sombre et morne, une rumeur incessante filtre jusqu'au jour. Mais par la large porte cochère entre-bâillée, qui semble un gouffre insatiable, des groupes s'engloutissent, disparaissent, hommes et femmes. Là-bas, à

l'extrémité de la voûte, sur la gauche, un vitrage dépoli, une porte étroite.

On pénètre dans une grande salle carrée où un brouillard d'âcre fumée tabagique estompe des formes humaines. Diffuse, la lumière du gaz laisse apercevoir, comme des pelouses d'herbe rase sous une buée matinale, les deux étendues vert-pâle des billards sur lesquelles roulent, blanches et rouges, les billes bruyantes.

Les consommateurs ? Un public très mêlé ; ouvriers typographes venus là des imprimeries voisines pour se rafraîchir, camelots, souteneurs. Le café proprement dit, un long boyau qui va jusqu'à la rue, d'une tonalité blanc et or, laissant un passage étroit entre les tables alignées devant les banquettes, regorge d'une foule omnicolore et criarde de filles : il y en a de toutes tailles, de tous poils. C'est une exhibition, un marché, une foire qui dure toute la nuit. Elles vont d'une table à l'autre quêtant un bock, une cigarette, collectionnant des rebuffades, des gros mots. Elles s'échouent sur des chaises, par groupes de deux ou trois misérables filles brisées de fatigue d'avoir tout le jour, toute la soirée, inutilement raccolé. Une dispute parfois les jette l'une contre l'autre. A travers tout cela, des garçons circulent, portant à bout de bras des plateaux chargés, criant des ordres. Quelques consommateurs, noctambules forcenés, joueurs acharnés, venus là après la fermeture des cafés environnants, y achèvent leur nuit indifférents à ce qui se passe autour d'eux.

XXII

LE COQ D'OR

Le Coq d'Or : il claironne un chant de lumière qui éclabousse largement la rue Montmartre. Brasserie mi-partie moyen âge et archi-moderne, avec ses lanternes de fer forgé et ses vitraux de couleurs qu'exaspèrent les violents rayons de lumière électrique. On y sent les effets du progrès, et un casque de chevalier supporté par un faisceau d'armes n'y sert pas d'inutile ornement. Non! la visière levée il devient un réceptacle où les torchons humides et sales sont dissimulés habilement. — Aussi la brasserie du Coq d'Or est-elle fréquentée;

elle grouille jusqu'au petit jour d'un monde mêlé, bizarre, où dominent cependant les artistes et les journalistes. Car on est à deux pas de ce phalanstère de journaux, situé entre la rue Saint-Joseph et celle du Croissant, qui s'appelle la Grande Imprimerie, où plus de quinze quotidiens sont fabriqués chaque nuit. De la terrasse du Coq d'Or, on voit passer les innombrables porteurs de journaux, les voitures des messageries et les camelots qui vont, dans quelques heures, crier les titres multiples des feuilles à un sou, — puisque déjà le petit jour blanchit les façades des maisons.

XXIII

BOULEVARDS

Tandis que les rues sont des canaux où s'endiguent étroitement les ténèbres, les larges avenues semblent, pendant la nuit, des fleuves où coulent entre les maisons hautes, comme entre des quais, du silence et de l'ombre, car les voitures y glissent sans bruit, pareilles à des barques légères Les boulevards, de la Madeleine à la place de la République, s'étendent ainsi avec leurs incessantes ondulations qui, le jour, disparaissent sous des flots de monde. De ci, de là, des balayeurs tachent la

chaussée. Quelques groupes stationnent aux carrefours, causant à voix basse. Parfois, tout à coup, des cris, une rixe rapide, un rassemblement de gens qui de tout point — on ne sait d'où — accourent curieusement. Puis le silence se fait de nouveau, jusqu'à l'heure où des voitures de laitiers passent sans crier gare avec le bruit secoué de leur ferblanterie horriblement bruyante;

on dirait la voix du remords bourgeois qui vous crie : « Pourquoi n'es-tu pas couché encore? » Plus tard, ce sont les maraîchers. Mais déjà s'infiltrent, dans l'air que jaunit la clarté du gaz, des teintes de blême petit jour ; il se fait comme une transfusion lente pendant laquelle l'espace est bizarrement lumineux. Un à un, les réverbères s'éteignent. L'atmosphère se bleute, pâlit, d'abord violette, puis lilas, enfin rose, dès que l'aurore fait naître de grandes ombres claires, allongées sur le sol.

XXIV

LE MANOIR DES ADRETS

Porte à porte avec le théâtre Saint-Martin, sur ce boulevard qui fut le Boulevard du crime, l'auberge dont les patrons sont Robert Macaire et son ami Bertrand. On peut les y voir en effigie et de grandeur nature; car ils ont quitté le théâtre voisin pour s'installer au cabaret que l'acteur Mousseau a ouvert dans la maison même où est mort le grand Frédéric Lemaitre. Mousseau, un joyeux vivant, à la face ronde et malicieuse, qui a créé

dans *l'Assommoir* le rôle de Bibi-la-Grillade, avait fondé tout d'abord l'Auberge du Clou. Ce fut sur le même modèle qu'il créa plus tard, en mai 1884, le manoir des

Adrets, une hôtellerie bretonne dans le style Louis XVI. Les salles qui se suivent et se superposent, y sont vastes ; on pourrait se croire vraiment à la campagne où la place ne manque pas ; des escaliers larges et trapus relient les chambres les unes aux autres; les plafonds sont traversés de poutres enfumées. Tous les meubles, tous les ustensiles sont d'un style pareil, et, enfin, les garçons eux-mêmes portent le costume de l'époque. Outre les nombreuses pièces, un sous-sol y existe, voûté. Là, on semble être à l'époque du moyen âge, dans la salle basse d'un château-fort, que des gardes auraient abandonnée. Derrière un pilier, l'un d'eux, robuste et bardé de fer, va se dresser peut-être? Mais non, maigriot, pâlot, le haut de forme luisant sur la tête, ce n'est qu'un calicot mis à la dernière mode qui entre, suivi d'une *ribaude* digne de lui.

Et d'une voix blanche de poitrinaire :
« Garçon, deux bocks ! » gémit-il.

XXV

TORTONI

Au coin du boulevard des Italiens et de la rue Taitbout, Tortoni, le légendaire Tortoni : une terrasse exiguë, où six tables à peine trouvent place devant l'étroite façade blanche et vieillotte qui garde, sur le boulevard moderne, tout scintillant d'or et d'électricité, la simplicité d'un autre âge. Avec un soin jaloux, ce café est demeuré ce qu'il était à son origine, et cependant sa fondation date déjà de 1806. En cette année, un Italien, Veloni, venu en sabots à Paris, l'établit à l'emplacement même que le café occupe encore aujourd'hui. Quatre ans plus tard, Veloni vendait sa maison à son ami Tortoni ; à ce moment, venait d'ouvrir le Café de Paris, dont la concurrence avait effrayé le fondateur. Il se trompait heureusement. Tortoni prospéra. La vogue lui vint et lui resta. Ce fut, tout d'abord, le rendez-vous quotidien des généraux et des maréchaux de l'Empire. Même, la légende veut qu'au début de chaque nouvelle campagne, ces Messieurs y prissent leur déjeuner sous les regards de la foule curieuse et enthousiaste, et s'y fissent chercher par les chaises de poste qui les attendaient dans la rue Taitbout, pour aller à la victoire.

De génération en génération, cette vogue se transmit : la maison, parce qu'elle était petite sans doute, eut l'heur de celle de

Socrate, et fut toujours remplie de bons clients. « *Et cependant on sait bien que*

c'est cher! » s'est écrié, interrogeant un banquier véreux, client de chez Tortoni, un président de tribunal. Pourtant la Finance n'a pas seule établi ses quartiers au café du boulevard des Italiens. L'Art et surtout la Littérature s'y sont installées, et les *Écoles* s'y succèdent tour à tour, prenant place les unes après les autres dans le même mobilier empire. Aujourd'hui, c est encore là qu'on sacre un nouveau venu dans la littérature. Le *five o'clock* des chroniqueurs s'y donne; à l'heure de l'absinthe, les mêmes visages connus se retrouvent chaque soir autour des mêmes tables, et parmi tous, Aurélien Scholl, figure impassible et railleuse, le monocle immuable à l'œil gauche, toujours pareil à lui-même, y a le rare bonheur de rester éternellement spirituel, roi sans rival d'une cour sans cesse renouvelée.

XXVI

AUX MONTAGNES RUSSES

Le vieux Paris disparaît et ses rues sont absorbées peu à peu par les voies nouvelles, malgré les efforts qu'elles font pour durer encore. Je n'en sais aucune parmi ces vaincues qui résiste plus désespérément que la rue *Basse-du-Rempart;* aujourd'hui elle est au niveau du boulevard, elle a été coupée en deux par une maison récemment construite en angle de la rue Caumartin, et l'on dirait un serpent dont les deux tronçons mutilés ne pourront plus se rejoindre.

D'ailleurs, la vie moderne la submerge entièrement et, comme pour en finir avec cette malheureuse rue qui s'obstine à exister, les Montagnes russes sont venues s'établir juste à son centre, brutalement.

L'entrée a quelque chose de celle d'un cirque ambulant : le sol en est sablé et non bitumé. Cette impression de chose hâtive et provisoire s'accentue encore dès qu'on a pénétré dans le long hall construit de planches et de poutrelles légères peintes d'un vert criard qu'exaspère aussi la lumière de lampes électriques, pareilles à celles employées dans les chantiers.

Une multitude d'oriflammes, loques omnicolores, pendent du plafond, allumant mille effets divers.

Le hall, dans toute sa longueur, est partagé par les deux voies parallèles, aux sinuosités inégales.

Et tandis qu'un orchestre inonde de

bruyantes musiques la foule badaude qui circule avec peine à travers des chaises et des tables, un roulement intermittent traverse l'air avec une trainée de cris suraigus. C'est le wagonnet chargé d'un envolement de jupes claires qui passe, monte et descend, suivant les ondulations de sa route, semblable à une mouette géante, rasant tantôt les flots de la foule houleuse, tantôt s'élevant au-dessus de la vague humaine.

Solitaires ou par couple, des marchandes de sourires louvoyent dans la cohue, en laissant derrière elles des sillons de désirs parmi les jeunes imbéciles et les vieux ramollis.

De ci de là, des spectacles variés, curiosités monstrueuses ou ridicules exhibitions, n'attirent presque personne.

C'est le progrès de la mécanique moderne et l'américanisme à la mode, qui nous valent cet endroit, chancre incurable dont se meurt définitivement la rue Basse-du-Rempart.

XXVII

RESTAURANTS DE NUIT

Ils sont nombreux sur les boulevards, les restaurants de nuit, aux environs de la Madeleine et de l'Opéra. Les citer semble inutile. Qui ne connaît en effet l'Américain, Hill's, Sylvain, la Maison d'Or, parmi les principaux ou du moins les plus fréquentés par la nomade tribu des filles nocturnes en quête d'un souper, d'un louis et du reste. Ce reste, elles s'en passeraient volontiers. — Certaines mêmes s'en passent… assez désagréablement pour le monsieur qui

a jeté sur elles son dévolu. — ILS sont rentrés bras-dessus bras-dessous ; LUI a débattu le prix de l'hospitalité offerte ; il en a déjà profité peut-être, quand tout à coup l'hôtesse le met à la porte : « Allons, houste !

Est-ce que tu t'es figuré passer ici la nuit pour dix francs? Vieux grigou, va! File, et plus vite que ça! »

Heureux celui qui est quitte du piètre plaisir d'avoir invité à souper une de ces passantes, avec le seul déboire d'une addition inattendue. Il y trouve d'ordinaire tous les petits verres que madame a bu en l'attendant... lui ou un autre !

Cela ne serait rien encore, si les prix

étaient raisonnables ; mais tout est compté au triple de sa valeur, et l'on est ruiné si on a eu la malencontreuse idée de manger des écrevisses et de boire du champagne qui fait sauter les cœurs, jusqu'au moment où le hibou de l'ivresse morose et du suicide vient s'abattre sur le verre vide.

Pourtant cela vaut mieux que la partie d'écarté, maussade et fiévreuse, en un coin de salle, avec un inconnu, jeune homme de bonne famille, dont les mains habiles semblent tendre des toiles d'arai-

gnées où leur dupe se fera prendre, et qui rendrait des points au *grec* le plus expérimenté!

Dehors, en longues files stationnent des fiacres, guettant les couples qui s'en vont après souper dans une hâte de rentrer vite.

Et à la porte se tient le chasseur en uniforme, ou un jeune groom, qui s'entremet obligeament, fait toutes sortes de commissions, joli et soigné, plaisant aux hommes autant qu'aux femmes.

Mais voici que six heures sonnent : les salles se vident peu à peu : ce sont d'abord les femmes accompagnées d'un cavalier de hasard qui partent les premières, saluant d'un léger coup de tête, ou d'une rapide poignée de mains, des amies moins favorisées qu'elles. Puis, l'une après l'autre, se lèvent les filles dont la nuit a été infructueuse. Alors, dans la pénombre matinale, les garçons à moitié endormis rangent les tables et les chaises, et, collectionneurs indifférents, rassemblent les objets oubliés

sur les divans des cabinets particuliers, épaves emblématiques d'une nuit de plaisir.

XXVIII

LES HALLES

Les Halles, c'est un pays dans Paris, un pays qui a sa législation spéciale, son gouvernement et ses provinces exactement délimitées. Les décrire ? Il faudrait dresser des cartes géographiques pour cela et faire minutieusement l'histoire de ce vaste marché, où de tous les points de la terre vient s'entasser la nourriture. Ici, c'est la bouchérie qui éclate aux yeux, comme une

symphonie magnifique en rouge vif ou en rose tendre.

Plus loin la poissonnerie, où tous les blancs, les blancs d'argent, les blancs-

bleutés, les blancs nuancés de vert bronze,

aux reflets métalliques, s'harmonisent en gammes claires.

Là, toutes les verdures s'amoncèlent, avec l'énorme masse des légumes, et là-bas les

fleurs et les fruits chantent leurs couleurs plus diverses, criardes parfois, cu veloutées, qu'accompagnent mélodieusement de frais aromes.

Mais pour faire ombre à ce tableau de la richesse du sol, à cet entassement mons-

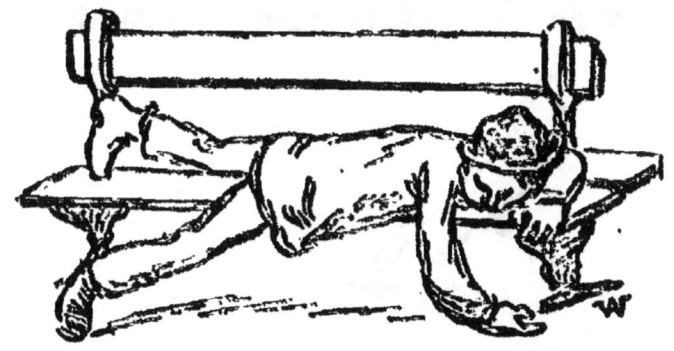

trueux de victuailles, la misère et la faim, spectres-sœurs, se promènent en se tenant

par la main, à travers les Halles. Voici les parias de la grande Cité, les loqueteux et les meurt-de-honte, misérables sans gîte, qui passent la nuit sur les bancs, à peine inquiétés par les paternels sergents de ville,

et qui, dès quatre heures, se mettent en quête de quelque besogne mal payée afin qu'il leur soit permis de s'offrir, moyennant deux sous, un *Arlequin* réparateur où l'on trouve de tout.

C'est l'heure où les Halles commencent à vivre fiévreusement : les maraîchers arrivent avec leurs charrettes lourdement chargées, et parmi cette foule compacte de paysans et d'ouvriers où le bleu de la blouse domine, quelques noceurs qui sortent de chez Baratto jettent des taches tristes ; car les habits noirs ne font que plus nettement ressortir les formes grêles des jeunes messieurs à côté des muscles des forts de la Halle, dédaigneusement robustes.

Dans le brouhaha toujours croissant s'établissent des marchandages actifs : et peu à peu, emportée vers toutes les directions de la ville, s'écoule et disparait cette masse de provisions étalées.

Les Halles au petit jour, c'est Paris qui se réveille à jeun et qui s'apprête à manger.

XXIX

NUIT SUR LA SEINE

C'est la Seine profonde, encaissée, silencieuse qui coule doucement entre ses larges quais. Par endroits, elle est noire et ne réfléchit rien, semblable à un miroir de bronze terni. Puis, tout à coup, elle s'allume de mille feux changeants, diaprés, qui semblent piqués sur un voile mouvant et transparent, derrière lequel les grands édifices mirés aussi bougent diaboliquement. Et, plus loin, des taches éblouissantes se forment, qu'on croirait de métal en fusion. Parfois des traînées de clartés lunaires barrent la vision des choses réflé-

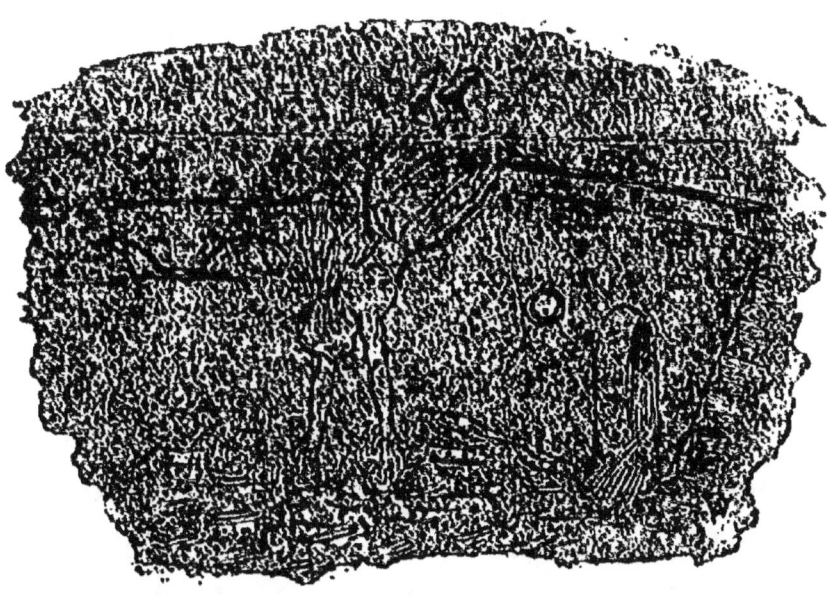

chies dans l'eau cadencée. Mais les ponts font d'énormes arches d'ombre et de pierre, qui abritent de l'horreur et du mystère. Du haut de leur balustrade, une silhouette quelquefois se détache, et vite disparaît : c'est alors le bruit d'une chute et ensuite sur les berges un cri, une rumeur, puis une barque qui quitte l'obscurité du quai, s'aventure dans la clarté dansante, et flotte toute noire, informe, à l'aventure.

Au centre du fleuve, qui s'élargit en deux bras, une masse imposante s'élève. C'est l'île, avec **Notre-Dame** massive et grêle, dont une des tours surgit tout entière, dominée par la flèche.

Plus près, ce sont des constructions indistinctes qu'un bouquet d'arbres masque en partie. A droite, à gauche, l'horizon s'aplanit, bientôt canalisé par les hautes maisons des deux rives opposées. En aval, l'espace est moins resserré et la clarté est plus intense sur la Seine. On pressent la place lumineuse de la Concorde, les larges avenues des Champs-Élysées, et tout là-bas, là-bas, à gauche de la colline où le Trocadéro est invisible, la haute tour qui domine la ville de son obscure ossature de fer, pareille à un dégingandé squelette, —

fantôme de l'Avenir — qui se dresse vers le zénith nocturne de Paris.

Mais à deux pas de moi à l'angle du quai,

la marchande de petit noir vient s'établir sous la dansante clarté d'un bec de gaz. Son fourneau tache d'une petite lueur rouge les dalles du trottoir, et, renfrognée sous sa pèlerine et son capuchon, la bonne femme, durant de longues heures, prend patience, attentive à son seul commerce, guettant le noctambule attardé ou l'ouvrier matinal qui viendra boire un bol de café pour un sou ou deux.

Et je suis l'un de ses clients.

XXX

BAL BULLIER

Le bal Bullier! Récemment encore, une tradition voulait qu'il fût le dernier refuge de la gaieté française. On s'y rendait en pèlerinage de tous les points de Paris, gravissant l'interminable Boul'Mich, en bandes échelonnées, joyeusement bruyantes. Les étudiants d'alors, d'il y a cinq ou six ans à peine, étaient, une fois dans la grande salle du bal, hospitaliers à leurs visiteurs, surtout à leurs visiteuses, et menaient allègrement le chahut, organisant les danses, les rondes et les monômes qui ébahissaient le bon public accouru là pour s'amuser. Puis les belles filles devenues célèbres, dont les échos des journaux boulevardiers citaient

souvent les noms, ne dédaignaient pas de venir, accompagnées d'une suite d'adorateurs, pour y retrouver les souvenirs de leurs débuts.

C'est fini maintenant. Nos modernes étudiants ont eu beau décréter le béret romantique coiffure obligatoire, la morgue s'est trop bien infiltrée dans leurs veines. Le vê-

tement anglais et le flegme britannique sont de mise aujourd'hui : la dernière mode est d'être sportsman et de tutoyer les jockeys. Aussi les étudiants, les vrais étudiants du bon vieux temps n'existent plus. L'étudiante pas davantage. La femelle actuelle de ces messieurs n'est qu'une poupée articulée et commerçante, sortant des fabriques les plus en progrès de la capitale.

Ombre du père Bullier, ne gémis-tu pas, après minuit, dans ta salle spacieuse et déserte, du haut des galeries qui l'entourent? N'évoques-tu pas les bosquets parfumés de la *Closerie des Lilas* et les fantômes charmants de la grisette énamourée, de l'étudiant braillard d'autrefois ? « Celle-là du moins, songes-tu, aimait encore, et celui là savait se faire « casser la gueule » quand il le fallait.

« Mais le lit de Mimi Pinson, la barricade de l'insurgé, que sont-ils devenus aujourd'hui? Hélas! trois fois hélas! le divan de la fille de brasserie et l'estrade du politicien les ont remplacés! »

Ainsi se désole chaque nuit l'âme éplorée du père Bullier.

Ou du moins j'aime à le croire.

XXXI

LA TARTINE DU PÈRE BEAUVY

Le jour, cette tartine s'appelle tout simplement la Boulangerie Racine; elle est située en effet à l'angle de la rue Racine et de la rue Monsieur-le-Prince; et rien ne la distingue d'une boulangerie quelconque jusqu'à deux heures du matin. Mais à partir de ce moment, son aspect change. Par les quatre coins du carrefour, des groupes noctambules arrivent, joyeusement, et remplissent la boutique et l'arrière-boutique d'une foule bizarre et bruyante. C'est la sortie des brasseries.

— « Père Beauvy, vite *un* sandwich pain noir ! »

— « Un blanc pour moi, père Beauvy ! »

— « Du lait ! du lait ! père Beauvy. »

Et la voix du patron : « Voilà ! voilà ! pas tant de bruit ou je me fâche. »

— « Hou ! hou ! Kss ! Oua ! oua ! »

Un tapage infernal, des bruits de chaises renversées. — Le père Beauvy se lève, dressant sa bonne tête tranquille et noire ; il ne lâche pas son grand couteau, son couteau avec lequel il fend les petits pains, étale dessus une légère ombre de beurre, y plaque ensuite une languette ténue et rose de jambon. Mais le brouhaha augmente. Désespéré, Beauvy prend le parti d'en rire et retourne derrière son comptoir. Des « Ah ! » de satisfaction saluent sa retraite, et les commandes de sandwichs pleuvent de plus belle. Cependant on ne peut plus bouger, faire un geste dans la boulangerie, et toujours des nouveaux venus se présentent à la porte, braillant, entrent, se casent on ne sait comment. Une foule mêlée : des étudiants mis à la dernière mode, corrects jusque dans leur saoûlerie, donnant le bras à des filles en toilettes tapageuses, aux cheveux d'or ; des élèves de l'école des Beaux-Arts ou de Pharmacie, moins chics que les premiers ; puis des noctambules professionnels, des fillasses venant tenter un dernier raccroc, quémandeuses d'un gâteau ou d'une tasse de lait. Aussi des marchandages ne tardent-ils pas à s'entrecroiser :

— « Un louis ! ma chère, tu t'en ferais mourir ! Oh là là ! tu ne vaux pas seulement cent sous !

— « Tu peux rien te fouiller, alors ! » —

Cependant, gravement écouté par deux ou trois jeunes gens portant tous le monocle à l'œil, aux mines efféminées, un gentleman excessivement bien mis, le visage soigné, une barbe en pointe, rasé sur les joues,

pérore ; il a des gestes onctueux de mains, des inflexions câlines de la voix, et il parle « du catholicisme, de ces très gracieuses jeunes personnes que sont les putains de Monseigneur le Roy ». Toutes ses phrases sont fleuries de liliales blancheurs et rutilent de chrysoprases. Ce groupe de messieurs très comme il faut représente la nouvelle littérature au Quartier-Latin. — Or à côté d'eux, un ivrogne hoquète : « Vous m'faites dégueuler ! »

Cependant, les profils sombres des sergents de ville se silhouettent sur le seuil. Il faut fermer. Quatre heures sonnent. Et, sans ménagements, le père Beauvy chasse ses clients :

« Fichez-moi le camp ! allons, houste ! »

XXXII

LE CHATEAU ROUGE

Tout un quartier entre le boulevard Saint-Germain et les quais de la Seine dont les étroites constructions datent de plusieurs siècles ; comme une poussiéreuse toile d'araignée, c'est la place Maubert qui semble tendue par un réseau de rues inextricables, aux vieux noms pittoresques. C'est d'abord la rue Galande et la rue Saint-

Séverin, bout à bout et parallèles aux rues de la Bûcherie et de la Huchette ; puis, les coupant et s'y ramifiant, la rue Saint-Jacques et celle des Prêtres-Saint-Séverin qui relient entre elles la ruelle de la Parcheminerie, la rue Domat et la rue des Anglais ; l'impasse Salembière, la rue Zacharie, celles du Petit-Pont et du Chat-qui-Pêche, cette dernière, si étroite et si courte qu'elle n'a sans doute pas sa pareille dans Paris. Tout à côté, la rue Saint-Julien-le-Pauvre, avec son église romane, presque la plus ancienne de la ville ; la rue du Fouarre, où dernièrement s'élevait encore le *Guinche* au père Chabot, un bal-musette fameux dans le quartier; près de là, la rue de l'Hôtel-Colbert où donnait celle des Trois-Portes, dont il n'existe plus qu'un côté aujourd'hui. Enfin les rues du Haut-Pavé, des Grands-Degrés et du Petit-Pont.

Toutes ces voies tortueuses gardent encore l'impression d'avoir été des « rues chaudes », et de fait elles abritent jusqu'aujourd'hui le rut populaire, avec le monde interlope qui en vit. Même la rue Galande ne porte-t-elle pas, croirait-on, un nom qui est comme l'enseigne du métier des marchandes d'amour à bas prix qui l'habitent?

Place Maubert, c'est la *Maube*, ou plus justement la *Grande-Maube*, pour la distinguer de la *Petite-Maube*, là-bas, de l'autre côté de l'eau ; — celle-ci, dans le fouillis des rues Beaubourg, Brise-Miche, Simon-le-Franc et de Venise, c'est la rue Maubuée. Au 120 de la rue Saint-Martin, elle débouche, petite ruelle plutôt que rue, et des logeurs y louent quatre sous la nuit une paillasse pourrie de vermine, dans des hôtels où l'on couchait tout récemment « à la corde ». La rue Maubuée, dont font déjà mention des lettres patentes datées de 1392 et dont le nom signifie la « mal lavée », mérite aujourd'hui encore sa vieille réputation de saleté, malgré l'ancienne fontaine qui fait l'angle de la rue Saint-Martin, sculptée d'un côté des armes de la ville de Paris, de l'autre de roseaux et de coquillages à demi effacés sous des couches successives d'années et de badigeons.

Mais la Petite-Maube est à la Grande ce que Pontoise est à Paris. Aussi est-ce à la Grande-Maube qu'habite l'aristocratie du monde nocturne : les chiffonniers, les ramasseurs de bouts de cigare y font leur commerce; là se tient la foire aux mégots. Non loin de là aussi se trouve le *Château-Rouge*. C'est au 57 de la rue Galande, une maison à trois étages, qui fut l'hôtel même d'une grande amoureuse, celui de Gabrielle d'Estrées. L'assommoir, chose rare, est au fond de la cour. On y pénètre par la porte cochère, en voûte surbaissée, dont les deux portails sont peints d'un rouge sanguinolent et semblent l'ouverture immense d'une gueule cruelle. En entrant, à gauche, une aile de la maison se profile dans l'ombre, portée sur une arche très large ; elle contient un escalier que suivent extérieurement des fenêtres à petits carreaux percées de biais dans la muraille. Une seconde voûte, en face, conduit dans une autre cour. Mais, entre cette voûte et l'aile de gauche, trois marches mènent à une porte vitrée qui s'ouvre dans une devanture toute rouge aussi. On entre ; la salle est grande, haute : au fond scintille le comptoir de zinc au-dessus duquel un seul bec de gaz écarte ses ailes flambantes de papillon jaune, éclairant mal la vaste pièce. Le patron, le père Trollier, la face large, rougeaude et brutale, est là, ayant derrière lui un bataillon de multicolores et lumineuses bouteilles ; il verse des petits verres, ne laissant prendre la consommation que lorsqu'elle est payée, et la clientèle se conforme à l'avis partout reproduit :

« *On est prié de payer aussitôt versé.* »

Une seconde salle s'ouvre sur la gauche,

très éclairée, très bruyante, une salle que les habitués du lieu surnomment le *Salon*. Les rangées de tables sont toutes occupées; hommes et femmes, jeunes gouapes de quinze ans, soulauds hors d'âge, prostituées sexagénaires et filles à peine nubiles, y grouillent avec des voix rauques et des chants gueulés à tue-tête. Vers la gauche encore, un trou d'ombre, une ouverture qui donne sur la «Salle des morts», jamais éclairée celle-ci. Là, dans la demi-obscurité, sur le sol, couchées, enchevêtrées, des formes fantomatiques s'immobilisent. Des torses nus accrochent un peu de lumière éparse : des bras, des jambes s'érigent, rigides, cadavériques : on dirait un champ de bataille. Ils dorment là pêle-mêle, mâles et femelles, assommés de fatigue et d'ivresse, jusqu'à l'heure où on les chassera impitoyablement, dans la pluie s'il pleut, dans le vent s'il vente, dans la neige et le froid s'il neige et s'il gèle. Tant mieux, lorsque la nuit est clémente aux misérables

13.

qui vont par les rues, cherchant un coin, un trou noir pour s'y couler!

Au *Château-Rouge*, il existe encore au premier étage une autre chambre des morts ; un large escalier y conduit de la salle d'entrée. Là, un bec de gaz mi-fermé picote l'obscurité, et lorsqu'on l'ouvre tout grand, qu'il flambe, jetant de mobiles flaques de lumière sur les dormeurs, des groupes bizarres émergent aussi de la nuit, enlacés et demi-nus, jambes et bras de ci de là, dans des haillons, dans la poussière, méconnaissables.

En bas, dans le salon, les longues tables sont envahies d'une foule multicolore, ou le bleu de la blouse et de la veste domine cependant. On cause, à mi-voix, *d'affaires;* on hurle très haut des choses politiques : et des chants hoquetés zèbrent le tumulte, sentimentaux ou patriotiques. Parfois, un calme relatif s'établit un instant. Des visiteurs, gens d'un autre monde, entrent, regardent, et, quand ils partent, on fait main basse sur leurs consommations, on se jette sur les petits verres où leurs lèvres ont à peine trempé souvent, et on les vide goulûment, peu dégoutés de « ceux de la haute », tant la misère châtre de l'amour-propre !

Au *Château-Rouge* la police fait des descentes, souvent. Dès que le commissaire suivi de ses agents y pénètre, un silence de mort plane sur le cabaret : rien, pas même un geste. On sait bien que toutes les issues sont gardées ; on se regarde seulement. Le commissaire examine chacun, consulte des signalements, interroge brutalement celui-ci ou celui-là, opère une ou deux arrestations, puis les agents se retirent. C'est fini, le bruit recommence. On commente l'affaire. Et c'est tout. Ainsi furent arrêtés Midy, Soulier et Bayon, les complices de Gamahut, tous quatre assassins de Mme Ballerich. Pendant qu'on ligottait ses amis, debout, au comptoir, Gamahut buvait une verte ; il n'était pas dénoncé

encore et ne fut pas pris ce jour-là. D'ailleurs, il était de l'établissement. Lutteur adroit, d'une force peu commune malgré son extrême jeunesse, il faisait des poids dans la seconde salle, très entouré. Une fois, j'ai lutté avec lui, non pas au *Château-Rouge*, mais dans un caboulot qui existait alors rue de Bellefond, la turne au « Capitaine ». Le Capitaine avait tenu jadis rue Brochant un gymnase où ont débuté Pietro et Alphonse Grasse, le lutteur qui s'est éborgné, en faisant la parade, d'un coup de pistolet maladroit. Mais là, rue Bellefond, derrière les vitres que Davau avait ornées de peintures, une clientèle moins choisie s'assemblait aussi, soit devant le zinc, soit dans l'étroite salle à gauche où une couche de dix centimètres de sable répandu sur le sol permettait des exercices de force. J'y ai vu Gard, un juif au nez fortement busqué, dont l'oreille droite était mangée, et qui depuis a été arrêté avec la bande Catusse.

Gamahut, lui, y venait aussi quelquefois, le soir où nous avons *travaillé* ensemble, j'ai failli, en tombant sous lui, me faire briser le crâne contre un pied de table.

C'était cependant un garçon doux, très aimé de tous ; au Château-Rouge, il aidait souvent le père Trollier à servir ses clients ou parfois le faisait respecter d'eux.

Et pourtant, un matin, dès l'aube, il fut *fauché* par l'inexorable « Veuve ! »

XXXIII

BUVETTE DU PÈRE LUNETTE

Rue des Anglais, à deux pas du Château-Rouge ; une façade d'un rouge brun, étroite, pareille exactement à une armoire vitrée. *Buvette du Père Lunette*, est-il écrit sur la corniche, et, au-dessus de l'entrée, une petite lanterne carrée porte des lunettes peintes. C'est bien une buvette, en effet ; le comptoir est à gauche ; à droite, un banc étroit, au-dessus duquel de petits tonneaux qui le surplombent sont rangés, debout sur une planche. M'ame Mary, la veuve du père Mary, successeur du Père-Lunette, est la propriétaire du lieu; elle trône derrière le comptoir de zinc, sévèrement. Son portrait est là, signé Teissier, ainsi que ceux des deux garçons, Henri, dit *Pataud*, et Gabriel, dit *Belles-Pattes*, peints, l'un par Dreux, l'autre par Labbé. Il y a aussi le portrait de Ferdinand Fantin, l'auteur de la *Description* en vers du Père-Lunette, poète mort aujourd'hui. On l'appelait Ferdinand tout court ; sa figure intelligente, plutôt narquoise, était ravagée par la phtysie qui devait emporter bientôt cet enragé buveur de *vertes*. Une moustache rare ombrait ses lèvres et une double pointe de barbe satanisait son visage. Il fut, parait-il, rédacteur de *la Trique*, journal satirique, paraissant à Nice. Comment était-il venu jusqu'au Père-Lunette? Il ne me l'a jamais dit ; car j'ai causé avec lui souvent : il me montrait des vers, discutant des questions de prosodie, déclarant qu'il ne pouvait souffrir l'inversion ni aucune

licence ; il portait sur lui une lettre que Théodore de Banville, qu'il disait son maître, lui avait adresée ; « J'aime peu, affirmait-il, Baudelaire et Leconte de Lisle. » Nous nous tenions dans cette salle du fond, étroite comme un boyau, aux murs tout bariolés de caricatures si bizarres, dont les auteurs sont Farolet, Lagarde, Charles de Paw et Wroïnski. Un monde curieux grouillait autour de nous ; des ivrognes aux voix éraillées, des filles presque sans voix, à peu près pourries, de louches jeunes gens ; parfois des disputes éclataient, règlement de comptes ou querelles de ménage. Souvent aussi entraient des visiteurs, des artistes, des étrangers ; quelquefois aussi des gommeux, en habit, accompagnant des dames en robe de bal ; alors Ferdinand se levait ; il imposait silence aux gueulards, faisait sortir, avec l'aide des deux garçons, les soulauds les plus récalcitrants et, se campant dans un coin de la petite salle, déclamait de sa voix mordante, âpre, sa Description que voici, en montrant du geste les choses dont il parlait :

DESCRIPTION DU PÈRE LUNETTE

Par Ferdinand Fantin

Oui, quelques joyeux garnements,
Battent la dèche par moments,
    Chose bien faite ;
— Moi, dans mes jours de pauvreté,
J'ai, dit-on, beaucoup fréquenté
    Père Lunette.

Aussi, vais-je vous détailler,
Au risque de vous voir bâiller
    Jusqu'aux oreilles,
Ce qu'on y voit de curieux :
C'est le produit laborieux
    De plusieurs veilles (1).

A gauche, en entrant, est un banc
Où le beau sexe, en titubant,
    Souvent s'allonge ;
Car le beau sexe, en cet endroit,
Adore la chopine et boit
    Comme une éponge.

(1) Ces deux strophes ne sont plus récitées.

A droite, un comptoir en étain
Qu'on astique chaque matin ;
    C'est là qu'on verse
Les rhums, les cognacs et les mares
A qui peut mettre trois pétards
    Dans le commerce.

La salle est au fond : sur les murs
Attendant les salons futurs
    Plus d'un esquisse,
Plus d'un tableau, riche en couleur,
Se détache plein de chaleur
    Et de malice !

Les pieds posés sur un dos vert,
Une Vénus de la Maubert,
    Mise en sauvage,
Reçoit des mains d'un maquereau
Une cuvette pleine d'eau
    Pour son...... lavage.

Cassagnac, on ne sait comment,
Arrive juste en ce moment
    Toujours sévère,
Et Gambetta, plus libertin,
Fixe ardemment sur la putain
    Son œil de verre.

Les yeux noyés dans l'infini,
Semblable au vautour sur son nid
   Un prêtre immonde,
Escobar encapuchonné,
Sous son froc rougeâtre et fané
   Couve le monde.

Un baluchard tout désolé
Qu'un copain a dégringolé
   N'a plus de tringue ;
Assis le cul sur le pavé,
Il ne trouve plus un linvé
   Dans son morlingue.

Mais dans le métier de filou
Où la corde est bien près du cou
   Tout n'est pas rose ;
Au voleur pendu court et haut
Une potence sert bientôt
   D'apothéose !

Louise, la vierge austère
Sous les yeux de Rochefort,
Brandit pour le prolétaire
La bannière de la mort (1).

(1) Cette strophe a été ajoutée depuis par Autissier.

Gambetta, toujours peu flatté,
Se retrouve décapité
　　Dans sa sonnette,
Observant d'un œil polisson
Un autre groupe où le poisson
　　Porte casquette.

Le chien, la maîtresse et l'amant
S'en vont tous les trois fièrement
　　Et haut le ventre,
A la conquête de celui
Qui sera ce soir le mari,
　　Disons : « le pantre » !

Un de ces rôdeurs qui, le soir,
Se glissent lorsqu'il fait bien noir
　　Hors de leurs niches,
Les yeux brillants sous la Desfoux
Et tordant d'un air en dessous
　　D'énormes guiches.

Si, parfois, sur votre chemin
Vous rencontrez ce dogue humain,
　　Soyez ingambes ;
En fuyant, vous serez prudent,
Car, trop près de ses grosses dents,
　　Gare à vos jambes !

La charmante Fleur-de-péché
Dont le front rêveur est penché
    Sur une verte,
De ses charmes dus au pastel
Tient sur le boulevard Michel
    Boutique ouverte.

Liqueur qui tue, amour qui perd,
Prostitution, poison vert,
    La même étreinte
Semble vous avoir confondus,
Vous par lesquels tant sont perdus,
    Putain, absinthe !

En costume de chiffonnier,
Diogène, vieux lanternier,
    Observe et raille,
Semblant tout prêt à ramasser
Les hontes qu'il voit s'entasser
    Sur la muraille.

Puis deux êtres qui n'en font qu'un,
Femelle blonde et mâle brun,
    Ardents, farouches,
Dans l'ovale d'un médaillon,
Se font un amoureux baillon
    De leur deux bouches.

Sous un parapluie étendu
Monseigneur Plon-Plon, éperdu,
　　N'est guère à l'aise,
Et, flairant un nouveau danger,
Fait ce qui, du verbe manger,
　　Est l'antithèse.

Voici la Reine des poivrots
Buvant sans trêve ni repos :
　　C'est Amélie ;
Jadis, cette affreuse guenon,
Etait une femme, dit-on,
　　Jeune et jolie !

A boire! à boire! Encor du vin
Jusqu'à deux heures du matin,
　　La soif la ronge ;
Et, sous ce téton aplati,
A la place du cœur parti,
　　Bat... une éponge!

Lantier et Coupeau que voilà
Montrent au sceptique Zola
　　La bonne route.
Amour, douleur, bonheur, espoir
Ont consacré dans l'*Assommoir*
　　Notre déroute!

> Sortant d'un sommeil que dissipe
> Une soif qu'on ne peut lasser,
> Cette vieille fume sa pipe
> En attendant de la casser.

Ce portrait est celui du vieux père Lunette,
Vous priant de ne pas oublier son poète.

Dès qu'il avait terminé sur ces deux vers habiles, Fantin faisait la quête en tendant le

chapeau de paille qu'il portait hiver comme été, exploitant la stupéfaction effrayée des bourgeois. Puis il allait reprendre sa conversation et son mégot interrompu, devant une verte servie sur le zinc, tandis que d'autres se levaient et récitaient à leur tour des chansons de leur composition. Quand Ferdinand mourut, ce fut Jean Autissier qui le remplaça et récita la *Description*. Autissier est mort également aujourd'hui. Et c'est Eugène, dit *Talleyrand du Périgord*, qui lui a succédé. En son absence, le blond Auguste *Baigne-dans-l'huile* le remplace.

Mais ni l'un ni l'autre ne réciteront encore longtemps les vers de Fantin, car le Père Lunette va disparaître bientôt. Déjà une partie de la rue des Anglais est abattue, et la maison où se trouve la buvette ne va pas tarder à s'écrouler sous le pic impitoyable des démolisseurs.

XXXIV

MAISONS NOCTURNES

Ne sont-elles pas vraiment, par excellence, nocturnes, ces maisons où la vie ne s'éveille qu'à la chute du jour, quand pour les uns, ouvriers, l'heure noire sonne la fin du travail, tandis qu'elle marque pour d'autres, viveurs, le commencement de la noce. Maisons nocturnes : dès le soir, en effet, la lumière et le bruit filtrent par les volets clos, et la grosse lanterne flambe, découpant en lettres d'ombre l'énorme numéro raccrocheur, désespoir des filles auxquelles il fait concurrence! Maisons noc-

turnes : ce sommeil qui envahit la ville entière vient échouer au seuil de leurs portes, qui s'entrebâillent pour de furtives entrées, ou s'ouvrent toutes grandes pour des soûleries bruyantes. Maisons nocturnes : quand tout commerce cesse, le marchandage et la vente y commencent. Maisons nocturnes : ce n'est pas le seul nom qu'on leur donne; car, à côté des expressions pudibondes qui servent à les nommer bourgeoisement, *Tolérances* ou *Gros Numéros*, le rude langage populaire leur donne d'autres noms variés à l'infini. Ce sont, outre le vieux mot français que nos ancêtres ne rougissaient pas de prononcer ni d'écrire, le « bordel », ce sont, en argot, les *claques* ou les *boxons*. Puis à ces noms génériques s'ajoutent pour chacun d'eux des surnoms pittoresques et imagés. Edmond de Goncourt, dans sa *Fille Elisa*, en a nommé quelques-uns : parmi lesquels la célèbre *Botte de paille*. Un autre, qui n'existe plus, s'appelait, grâce à ses spécialités, *Au Télescope*. Un des plus bruyants porte encore le sobriquet du *Perroquet gris*.

Mais à Paris toutes ces maisons chaudes ont une physionomie spéciale : elles ne sont pas, comme en province, des lieux discrets, pleins d'un familial bon ton, où le père mène l'aîné de ses fils pour y passer la soirée

avec le notaire du quartier et le pharmacien de la grande place, en une interminable partie de billard ou de piquet voleur. Maisons très « *comme il faut* », où une incongruité

ne serait pas tolérée, d'où même un jour un Parisien fut chassé pour avoir prononcé un gros mot. Elles ne sont pas non plus semblables à ces vastes maisons des ports de mer ou des villes commerçantes, dans lesquelles le rut prend un caractère de sauvage âpreté et de fougue primitive.

Sauf dans les maisons des quartiers extérieurs où fréquentent les soldats, grossiers paysans, vite remis du premier éblouissement causé par les belles salles ornées de glaces et de dorures, illuminées de gaz ou d'électricité, et dans celles dont la clientèle ordinaire est presque entièrement formée d'ouvriers et qui sont alors plutôt des sortes de brasseries, la luxure a subtilisé la prostitution parisienne.

Les viveurs y vont, non plus finir la nuit, mais passer quelques instants, bâiller et boire du champagne en compagnie de quelques filles peu vêtues, indifférentes et passives, jolies parfois, bestiales presque toujours. On évite rarement que l'une d'elles ne vous raconte confidentiellement son histoire, l'éternelle histoire de l'amour trahi.

Il s'en trouve parfois qui ont reçu une réelle éducation : celles-là acquièrent vite une influence sur leurs camarades qui les écoutent, les admirent, leur demandent conseil. Elles sont les reines de la maison et *Madame* les traite sur un pied d'égalité.

Souvent une pensionnaire d'un de ces couvents du diable se met au piano, et alors une rêverie de Chopin s'exhale mélancoliquement dans l'air pendant que des larmes viennent aux yeux des auditrices.

Enfin seules, pour charmer les longs loi-

sirs de l'attente, elles jouent à d'interminables parties d'écarté ou bien se tirent mutuellement les cartes, dans l'espoir que se réaliseront bientôt les promesses qu'elles y lisent, promesses de vie meilleure, hors de la maison maudite, rencontre d'un monsieur très riche, parties de campagne, voitures, petit hôtel, qui sait? Voire peut-être... un mariage.

Mais une voix interruptrice de ces rêves, celle de l'impérieuse matrone, ordonne brièvement : « Toutes ces dames au Salon ! »

XXXV

LES FORTIFICATIONS

Le jour, pelées, lépreuses, elles sont tristes et désolées; mais la nuit elles deviennent lugubres et sinistres, ces fortifications, zigzaguante enceinte de Paris, qui entoure la ville lumineuse et bruyante d'une large zone d'ombre et de silence.

Aussi, le meurtre, le vol et le viol s'y donnent-ils rendez-vous. Ces fossés profonds, où l'on ne descend que difficilement, où en tout cas une poursuite est pour ainsi dire impossible, sont les derniers et les plus sûrs refuges des irréguliers de la vie.

Ils viennent là, dès que règnent les ténèbres, vider leurs querelles à coups de couteau, partager le butin, assouvir leur luxure... Et c'est bien rare qu'un matin, une ronde d'agents n'y découvre pas ou le cadavre méconnaissable, sanglant et mutilé d'un homme, ou les débris d'un meuble fracturé, ou le corps pantelant, souillé, d'une fille nue et bâillonnée.

Que ceux qui aiment les émotions fortes, par une nuit noire, prennent le sentier à peine tracé suivant le glacis des fortifications depuis Levallois-Perret, passant par Clichy pour aller jusqu'à la poterne Saint-Ouen; il est parallèle à la route de la Révolte. D'endroits en endroits des groupes confus surgissent; un murmure de voix ou un coup de sifflet aigu, semblable à un coup

de couteau qu'il présage parfois, des bruissements de pas : on se retourne, rien derrière soi ; et, à quelques mètres devant, inattendue, une silhouette vague se trame sur l'ombre, se rapproche silencieuse, de-

vient de plus en plus nette, et passe à vos côtés ; un regard furtif vous dévisage et coule comme un rayon de froid jusqu'au cœur !

A vos pieds, parfois, des gémissements. C'est ici, dans le fossé. Soudainement un cri, un seul cri, tel qu'un gosier humain n'en

profère jamais, si ce n'est avant la mort.
— Descendre? aller au secours de l'être qui se débat contre l'inévitable? Mais non! Tout s'est déjà tû. Rien, plus rien.

Ainsi se poursuit jusqu'aux lumières, là-bas, des becs de gaz qui désignent la chaussée, ce cauchemar du crime.

C'est un soulagement que de se trouver sur la route même déserte, où seul un chat mélancoliquement miaule, bombant son échine élastique.

Une nuit, j'ai fait ce chemin, seul. Je n'avais pas d'arme sur moi, pas même une canne. — Je l'ai fait, les mains dans les poches, une angoisse indicible au cœur, une sueur froide aux tempes, l'âme pleine de sentiments multiples, — quelque orgueil, un désir et un espoir même de rencontre mauvaise.

Je l'ai fait, mais je ne le recommencerai probablement pas.

XXXVI

LE DERNIER FIACRE

Voici que l'aube blanchit enfin le faîte des toitures, et déjà naissent de grandes ombres d'un bleu pâle à fleur du sol : C'est l'heure pour les noctambules de fuir les rues et de rentrer dans les maisons closes, où les volets et de doubles rideaux aux fenêtres luttent victorieusement contre le soleil cruel et éblouissant comme un remords. Mais pour rentrer chez soi le long des trottoirs où s'éveille la vie matinale et peu à peu grouillante des ouvriers et des employés, on cherche un train, une voiture ; celles qui toute la nuit ont stationné devant

les restaurants encore éclairés, sont parties les unes après les autres. Cependant, parfois au détour d'une rue un roulement de bon augure. — Hélas ! ce n'est qu'une voiture de maraîcher.

Enfin là-bas, tout là-bas, un fiacre, un dernier fiacre. — Bonheur inespéré ! Il s'approche avec un bruit douloureux de ferrailles qui semble pourtant une ineffable musique, il s'approche, traîné par une haridelle étique : c'est un vieux fiacre à galerie, tout cabossé, tout décoloré, lanternes déjà éteintes. On fait au cocher un signe de naufragé. — Mais l'horrible homme n'écoute pas, enveloppe d'un long coup de fouet sa bête efflanquée qui prend un galop inattendu, et le dernier fiacre passe, puis disparaît vous laissant au cœur un ironique : Hue, cocotte !

TABLE DES MATIÈRES

		Pages.
Dédicace	. . . .	5
Préface	. . . .	7
I.	Nuits à Paris.	15
II.	Le violon	23
III.	Nuit de guillotine.	29
IV.	Abattoirs.	47
V.	Parc Monceaux	53
VI.	Le Moulin de la Galette	57
VII.	A ma campagne	65
VIII.	L'Élysée-Montmartre.	71
IX.	Au Mirliton	77

Table des matières.

		Pages.
X.	Taverne du Bagne	85
XI.	Le Rat mort	91
XII.	La Truie qui file	95
XIII.	Le Chat-Noir	99
XIV.	L'auberge du Clou	115
XV.	A la Grand'Pinte	121
XVI.	Au Bon Coin	125
XVII.	La taverne Montmartre	129
XVIII.	Boulangerie Châteaudun	135
XIX.	Aux Folies-Bergère	141
XX.	L'Imprimerie nocturne	151
XXI.	Le Gaulois	161
XXII.	Le Coq d'Or	165
XXIII.	Boulevards	169
XXIV.	Le Manoir des Adrets	173
XXV.	Tortoni	177
XXVI.	Montagnes Russes	183
XXVII.	Restaurants de nuit	187
XXVIII.	Les Halles	195
XXIX.	Nuit sur la Seine	201
XXX.	Bal Bullier	207

		Pages.
XXXI.	La Tartine du père Beauvy	213
XXXII.	Le Château-Rouge	219
XXXIII.	Buvette du Père Lunette	233
XXXIV.	Maisons nocturnes	245
XXXV.	Les Fortifications	257
XXXVI.	Le Dernier fiacre	263

GUIDE ILLUSTRÉ

DE

L'EXPOSITION UNIVERSELLE

DE 1889

Résumé du Catalogue général officiel

D'UN FORMAT PRATIQUE
(16 × 11 centimètres)

Prix : 1 fr. 50

L. DANEL	**E. DENTU**
IMPRIMEUR-ÉDITEUR	LIBRAIRE-ÉDITEUR
Concessionnaire	Concessionnaire
du *Catalogue officiel*	de la vente
93, rue Nationale	du *Guide illustré*
	3, Place de Valois
LILLE	**PARIS**

LE GUIDE ILLUSTRÉ

DE

L'EXPOSITION UNIVERSELLE

COMPREND :

100 GRAVURES ET 20 PLANS

Tous les Documents officiels;

Une description des Jardins, des Palais des Beaux-Arts, des Arts Libéraux et des Sections Industrielles françaises et étrangères, des constructions diverses du Champ-de-Mars, du Trocadéro, de l'Esplanade des Invalides et des Berges de la Seine;

Une revue des œuvres et produits exposés dans chaque classe avec une liste raisonnée des expositions les plus intéressantes;

Un index méthodique des palais, constructions, pavillons, installations spéciales, ainsi que de toutes les classes dans leur ordre topographique;

Enfin une Table générale alphabétique.

LE PIERROT

LE PIERROT

Journal hebdomadaire illustré

PARAIT TOUS LES VENDREDIS MATINS

PRIX DU NUMÉRO : **20** CENTIMES

DIRECTEUR :

ADOLPHE WILLETTE

BUREAUX : 18, rue Saint-Lazare

ABONNEMENTS

Paris et Province. . . . . .   16 francs
Étranger . . . .   20 —

Collections d'amateur sur papier de Hollande et du Japon

L'ÉCHO DE LA SEMAINE

Politique et Littéraire

REVUE POPULAIRE ILLUSTRÉE

PARAISSANT LE DIMANCHE

Rédacteur en chef : **VICTOR TISSOT**

ABONNEMENTS :

Un an (France)............... 6 fr. »
Un an (Union postale).......... 7 fr. 50

PRIX DU NUMÉRO : **15** CENTIMES

Prime gratuite aux abonnés :
Un volume de **3 fr. 50** à choisir dans une liste de **200** romans signés des noms les plus connus.

RÉDACTION ET ADMINISTRATION
3, PLACE DE VALOIS, 3
PARIS

L'ÉCHO DE LA SEMAINE est de tous les journaux qui existent le plus complet, le plus varié et le meilleur marché. Il donne pour 15 centimes la matière d'un *demi-volume* ordinaire et forme chaque année deux gros volumes représentant une bibliothèque encyclopédique d'environ 30 volumes.

L'Écho de la Semaine, libre de toute attache politique et fondé en dehors de toute école littéraire, donne à ses lecteurs les articles politiques et les articles littéraires les plus saillants qui ont été publiés pendant la semaine dans les journaux et les revues de France et de l'Étranger.

L'Écho de la Semaine est indispensable à ceux qui n'ont pas le temps de lire *tous les journaux* ou qui vivent éloignés des centres, et qui cependant veulent être au courant du grand mouvement intellectuel de notre époque.

L'Écho de la Semaine n'est pas seulement un journal d'actualité, c'est encore une publication littéraire de premier ordre, ayant pour collaborateurs l'élite de la littérature actuelle.

7 novembre 9

www.ingramcontent.com/pod-product-compliance
Lightning Source LLC
Chambersburg PA
CBHW050319170426
43200CB00009BA/1386